CARAVAGGIO
Fashion and fabrics

a cura di / curated by
Francesco Gonzales
Tom Foakes
Flavia Fiori

SilvanaEditoriale

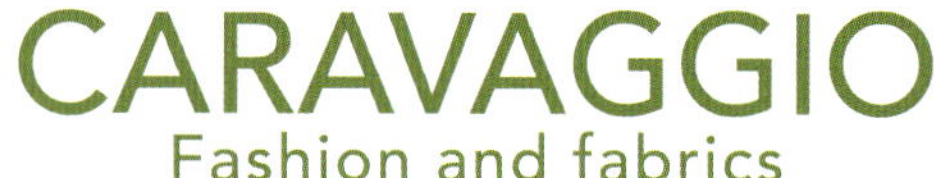

Museum of the Order of St John
St John's Gate, St John's Lane - Londra / London
3 ottobre / October 2016 / 31 gennaio / January 2017

Mostra promossa e organizzata da /
The exhibition is promoted and organised by

Museum of the Order of St John

Alan Borg
Bibliotecario / Librarian of the Order of St John

Tom Foakes
Direttore e responsabile del patrimonio /
Museum Director & Head of Heritage

e / and
The Sir Denis Mahon Charitable Trust

Suzanne Jane Marriott
Presidente / Chair Trustee, The Sir Denis Mahon Charitable Trust

Orietta Benocci Adam
Membro / Trustee, The Sir Denis Mahon Charitable Trust

Alan Bryant
Membro / Trustee, The Sir Denis Mahon Charitable Trust

Con il sostegno di / With the Support of

THE SIR DENIS MAHON
CHARITABLE TRUST

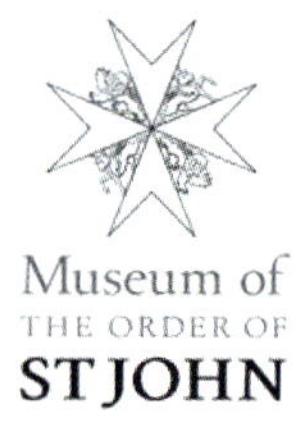

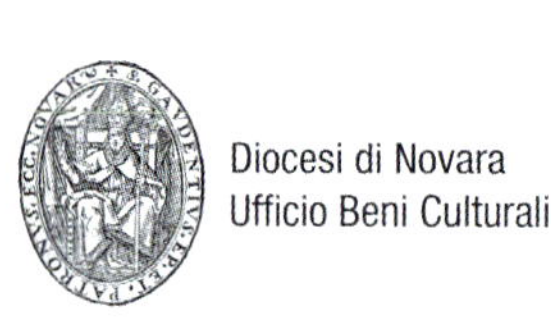

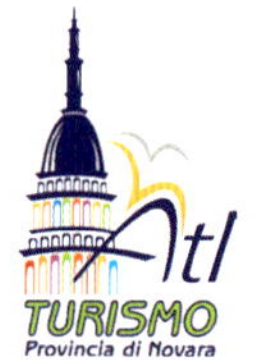

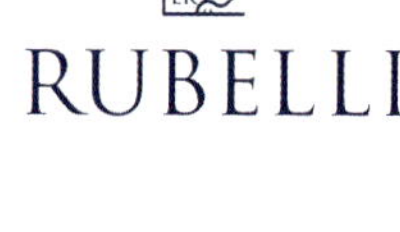

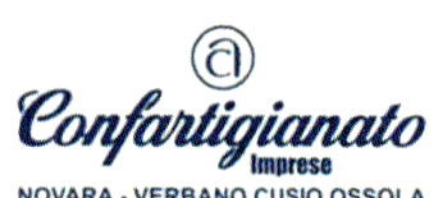

Con il patrocinio di / Under the Patronage of

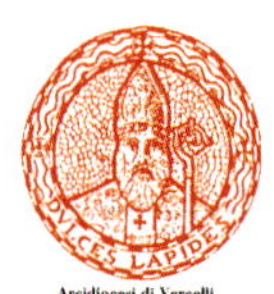

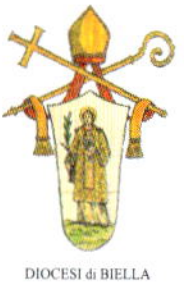

Cura e allestimento / Exhibition project

Francesco Gonzales
Cura e allestimento / Exhibition & set up Curator
Diocesi di Novara, Ufficio per l'Arte Sacra e I Beni Culturali

Tom Foakes
Direttore / Director, Museum of the Order of St John

Orietta Benocci Adam
Coordinamento del progetto / Project coordinator
Membro / Trustee, The Sir Denis Mahon Charitable Trust

Prestatori / Lenders
Museo d'Arte religiosa Padre A. Mozzetti di Oleggio, Novara
Parrocchia di Cravagliana, Vercelli
Parrocchia di Pieve Vergonte, Verbania
Parrocchia di Craveggia, Verbania
Parrocchia di Campertognio, Vercelli
Parrocchia di Miasino, Novara
Parrocchia di Calasca,Verbania
Parrocchia di Soriso, Novara
Rubelli, Archivio storico, palazzo Corner Spinelli, Venezia

Trasporti / Transport
Arteria

Assicurazione / Insurance
Blackwall Green

Progetto grafico / Graphic design
Alessandra Barbi, Italgrafica, Novara, Italy

Catalogo a cura di / Catalogue edited by

Francesco Gonzales
Tom Foakes
Flavia Fiori

Saggi di / With contributions by

Alan Borg
Flavia Fiori
Tom Foakes
Francesco Gonzales
Suzanne Marriott
Anna Murphy
(Vincitrice del Premio Sir Denis Mahon 2015 / Winner of The Sir Denis Mahon Essay prize 2015)

Ringraziamenti / Acknowledgements
Antonella Affronti, Roberta Antonelli, Domenica Abbinante, Giovanna Abbruzzese, Marco Attisani, Alessandra Barbi, don Marco Barontini, Massimiliano Caldera, Francina Chiara, Roberto Canu, Paola Colombo, Mons. Fausto Cossalter, don Renzo Cozzi, Gianpiero Cravero, Daniela Degl'Innocenti, Daniele De Luca, Barbara De Paoli, Maria Rosa Fanoni, Avv. Alessandro Favaretto Rubelli, Renzo Fiammetti, Elena Gallarate, don Stefano Gallina, Michele Giovanardi, don Pier Luigi Grossi, Amleto Impaloni, Mario Lamparelli, Fabio Olivieri, Lorenzo Lorenzini, MAR staff – Oleggio (Italy), don Massimo Maggiora, Don Giorgio Malvestio, Paola Marabelli, Francesco Martelli, Maurizio Martelli, Lorenzo Morganti, Valeria Moratti, don Alberto Olivo, Giovanni Pastori, Cristina Pereno, don Valerio Pennasso, don Gianluca Popolla, don Andrea Primatesta, don Simone Rolandi, Margherita Rosina, Mons. Gianni Sacchi, Paola Vallogini, don Giuseppe Vanzan

Un ringraziamento speciale a
Special thanks to
S.E. Franco Giulio Brambilla, vescovo di / bishop of Novara

Il compianto Sir Denis Mahon è stato uno dei maggiori storici dell'arte e collezionisti del suo tempo. Ho avuto l'onore di conoscerlo meglio quando era già anziano (è scomparso all'età di 100 anni il 24 aprile del 2011), ma ci siamo incontrati per la prima volta quando studiavo al Courtauld Institute of Art *negli anni sessanta. Sir Denis era già ritenuto un'autorità sulla pittura barocca, e tra i suoi settori di competenza vi erano la vita e le opere di Nicholas Poussin. All'epoca, il massimo esperto in questo ambito era Sir Anthony Blunt, direttore del Courtauld Institute e conservatore delle collezioni reali (in seguito, si scoprì che era una spia al servizio dell'Unione Sovietica). Sir Denis ebbe tuttavia l'ardire – come mi parve all'epoca – di contestare l'autorevolezza di Blunt, mettendo in dubbio la sua ricostruzione cronologica dell'opera di Poussin, enunciata in occasione della grande mostra sul pittore al Louvre a cura dello stesso Blunt. Il diverbio storico-artistico che ne seguì fu condotto sotto gli occhi del pubblico, e le posizioni di Sir Denis vennero diffuse da una serie di articoli autorevoli. Il tempo gli ha dato ragione; Poussin è considerato, oggi, un pittore puro, e non più un filosofo che esprimeva il proprio pensiero attraverso la pittura.*

Fu proprio tale concentrarsi sulla natura e la qualità della pittura, tipica dell'approccio di Sir Denis alle opere d'arte, a consentirgli di mettere insieme la più importante collezione di pittura secentesca nel Regno Unito, dove opere di pittori famosi si affiancavano a opere di artisti all'epoca poco noti. La collezione comprendeva Eliezer e Rebecca al pozzo, *un dipinto di Poussin erroneamente attribuito al pittore romano Pietro Testa. Nel 1955, Sir Denis riconobbe come opera di Poussin anche* Il sacco del tempio di Gerusalemme, *ancora una volta attribuito a Pietro Testa, che oggi si trova all'Israel Museum di Gerusalemme. L'artista al quale Sir Denis si è avvicinato di più nel corso della vita, promuovendone incessantemente l'arte, è stato il Guercino, del quale acquistò vari dipinti. Fu particolarmente sensazionale il suo riconoscimento, ormai in età avanzata, del* San Francesco che riceve le stimmate, *un quadro dipinto nel 1633 per la chiesa francescana di San Giovanni in Persiceto, in provincia di Bologna. Il quadro, trafugato ben due volte, era andato perduto per quasi due secoli. Recuperato e restaurato allo splendore originale (era stato tagliato in due), fu esposto nel 2006 nel corso di una mostra speciale al Foundling Museum a Londra.*

Non sorprende affatto che un altro degli artisti prediletti di Sir Denis fu Caravaggio, e anche in questo caso riconobbe come sue diverse opere che fino a quel momento erano ritenute copie oppure dipinte da artisti minori. Un esempio emblematico è il San Giovanni Battista, *che Sir Denis vide nell'ufficio del sindaco di Roma. Mahon non era convinto che si trattasse di una copia e, grazie alle sue osservazioni e ricerche, il quadro fu identificato come originale. Oggi è tra le più importanti opere custodite nella Pinacoteca Capitolina. Una storia simile riguarda* I bari, *un altro dipinto di Caravaggio; Sir Denis lo riconobbe durante una vendita in cui era catalogata come una copia e, dopo studi approfonditi e analisi scientifiche, lo dichiarò un'opera originale del maestro. Un'attribuzione, pur messa in dubbio da alcuni storici dell'arte, accettata da molti altri. E, dati i precedenti di Sir Denis, è difficile non fidarsi della sua valutazione.*

Nonostante la sua vasta cultura nell'ambito della pittura secentesca, Sir Denis Mahon era un uomo incredibilmente disponibile, nonché uno studioso magnanimo, che amava condividere il suo sapere ed entusiasmo con gli altri. Sempre generoso nel prestare le proprie opere ai musei del Regno Unito, nel testamento destinò la sua collezione a numerose gallerie, a condizione che rimanessero a ingresso gratuito. Dati i rapporti che legavano Caravaggio all'Ordine dei Cavalieri di San Giovanni, ci sembra appropriato che I bari *venga esposto qui, e ringraziamo la Fondazione Denis Mahon per aver concesso il dipinto in prestito al museo, portando avanti l'opera di Sir Denis in un modo che egli avrebbe certamente approvato. Sir Denis avrebbe inoltre apprezzato la mostra in corso, sperando che servisse ad avvicinare la gente al suo più grande amore, l'arte della pittura. Siamo riconoscenti agli amici della Diocesi di Novara per aver permesso al Museum of the Order of Saint John di esibire la sua magnifica collezione di tessuti antichi, per la prima volta nel nostro paese. Siamo altresì riconoscenti al Gruppo Rubelli per il prestito di importanti oggetti della sua collezione e per il generoso patrocinio. Un ringraziamento speciale va a Confartigianato per l'inestimabile contributo. Siamo particolarmente grati ad ATL Turismo Provincia di Novara per il loro generoso sostegno per il Vernissage e per aver fornito i deliziosi cibi e vini della regione Piemonte.*

Alan Borg
Bibliotecario
Museum of the Order of St John

The late Sir Denis Mahon was one of the most distinguished scholars and collectors of his age. I was privileged to get to know him well in his later years (he died on 24 April 2011 at the age of 100), but I first came across him when I was a student at the Courtauld Institute of Art in the 1960s. Sir Denis was already an acclaimed authority on Baroque paintings and one of his specialities was the life and work of Nicholas Poussin. The recognised authority in this field was Sir Anthony Blunt, the Director of the Courtauld Institute and Surveyor of The Queen's Pictures (who was subsequently unmasked as a Soviet spy). Nonetheless, Sir Denis had the temerity – as it seemed to me then – to challenge Blunt's connoisseurship and to question his chronology of Poussin's oeuvre. This had been set out in the great Poussin exhibition in the Louvre that Blunt curated. A very public art historical spat ensued, with Sir Denis's views appearing in a series of powerful articles. Today these views have largely proved to be right, establishing Poussin as a pure painter, rather than a philosopher who expressed his thoughts in paint.

This concentration on the nature and quality of painting was typical of Sir Denis's approach to works of art and allowed him to build up the premier collection of 17th *century painting in Britain, including the work both of famous and then little known artists. It included Poussin's* Rebekah Quenching the Thirst of Eliezer at the Well, *previously misattributed to the Roman painter Pietro Testa. In 1995 he again identified Poussin's Sack of Jerusalem which had also been attributed to Testa and this is now in the Israel Museum. The artist with whom Sir Denis was most closely associated and one he championed throughout his life was Guercino, several of whose paintings he acquired. Most spectacularly, when he was already advanced in age, he identified* St Francis Receiving the Stigmata, *a painting of 1633 made for the Franciscan church of San Giovanni in Persiceto near Bologna, which had been stolen twice, lost for almost two centuries and cut in half. Recovered and restored to its original magnificence, it was shown at a special exhibition at the Foundling Museum in 2006.*

It is hardly surprising that Caravaggio was another of Sir Denis's favourite artists and here again he identified several works which were regarded as copies or works by lesser artists. He saw the Young St John the Baptist *in the mayor's office in Rome which was regarded as a later copy. Mahon was not so sure and as a result of his observation and research it was identified as Caravaggio's original work and is now one of the treasures in the Capitoline Gallery in the city. A similar story surrounds Caravaggio's picture called* The Cardsharps, *which was identified by Sir Denis from a sale in which it was catalogued as a copy. Again, following detailed study and scientific tests, Sir Denis declared the picture to be from the hand of the master himself. This attribution has been challenged by some art historians but is accepted by many others – and, given Sir Denis's track record, it is difficult not to accept his judgement.*

Despite his vast knowledge of Seicento painting, Sir Denis Mahon was an easily approachable figure and a generous scholar, who enjoyed sharing his knowledge and enthusiasms with others. His paintings were lent to museums throughout the country and, following his death, the entire collection was left to numerous galleries, with the sole proviso that they should remain open free to the public. Given Caravaggio's close association with the Order of St John, it is entirely fitting that The Cardsharps *is hanging here and we are grateful to The Sir Denis Mahon Charitable Trust for placing the picture on loan with the Museum and for continuing Sir Denis's work in a way he would have approved. Moreover, the current exhibition of textiles and clothing shown in the picture is something that Sir Denis would have enjoyed and seen that it provided yet another way of bringing others to appreciate his greatest love, the art of painting itself. We are grateful to our friends at the Diocese of Novara for enabling the Museum of the Order of St John to display their wonderful collection of textiles for the first time in this country. We are indebted to the Rubelli Group for lending important pieces of their collection and for supporting the exhibition with their generous sponsorship.*

Special thanks are also due to Confartigianato for their much appreciated contribution.

We are particularly grateful to ATL Turismo Provincia di Novara for their most generous sponsorship of the Vernissage and for providing delicious food and wines from the Piedmont Region.

Alan Borg
Librarian
Museum of the Order of St John

Caravaggio e l'Ordine dei Cavalieri di San Giovanni

La storia dell'Ordine dei Cavalieri di San Giovanni, oggi noto come Ordine di Malta, abbraccia oltre novecento anni. Fondato nell'XI secolo a Gerusalemme, dove i Cavalieri dell'Ordine – anche detti Cavalieri Ospitalieri – fecero costruire un ospedale per accogliere i pellegrini infermi, nel 1099 assunse un ruolo militare a sostegno della prima crociata.

L'Ordine intraprese una lenta ritirata verso ovest, al di là del Mediterraneo, in seguito a una serie di sconfitte consecutive in battaglia. Dopo essersi rifugiato brevemente in Siria, si spostò a Cipro e poi a Rodi, insediandosi finalmente, nel 1530, sull'isola di Malta. I Cavalieri trascorsero quasi trecento anni a difendere e valorizzare questo territorio roccioso, attraverso la costruzione di grandi fortificazioni e l'abbellimento di La Valletta. Il loro dominio giunse al termine nel 1798 quando, in seguito all'invasione napoleonica, l'Ordine fu costretto ad abbandonare la patria mediterranea.

È questa la storia che narra il Museum of the Order of St John, situato nel corpo di guardia in stile Tudor del vecchio Priorato di Clerkenwell, la sede inglese dell'Ordine. L'edificio fu confiscato da Enrico VIII durante la dissoluzione dei monasteri fra il 1536 e il 1540. Contenente oltre sessantamila oggetti, tra cui un vasto archivio e una biblioteca storica, il museo vanta collezioni eterogenee che spaziano dalla storia antica dell'Ordine al suo ruolo moderno di sovrano ordine cavalleresco e fondatore di organizzazioni di volontariato internazionali, come il St John Ambulance, e del St John Eye Hospital a Gerusalemme.

A partire dalle crociate, e attraverso innumerevoli rivolte e rivoluzioni, periodi di guerra e di pace, la storia dell'Ordine si propaga di secolo in secolo, mostrando come – dalle sue origini come fondatore di un ospedale per la cura dei pellegrini infermi – l'Ordine di San Giovanni ha portato avanti il suo ruolo assistenziale fino al giorno d'oggi, impegnandosi in una serie di progetti umanitari in tutto il mondo.

Legato all'Ordine dei Cavalieri da un rapporto particolare, Caravaggio ha raggiunto una posizione di rilievo nella storia dell'arte – merito della sua storia turbolenta, dell'innovazione stilistica che lo caratterizzò e del numero limitato di opere da lui prodotte. Pur non di origine aristocratica, all'epoca uno dei requisiti per entrare a far parte dell'Ordine, fu investito della carica di cavaliere in virtù della sua reputazione artistica, ottenendo diversi incarichi quando, fuggito da Roma, soggiornò sull'isola di Malta sotto la protezione dell'Ordine.

Il prestito del dipinto I bari *al Museum of the Order of St John ha permesso di contestualizzare la storia di Caravaggio all'interno di quella dell'Ordine – inteso sia come ordine religioso, sia come sostenitore delle arti. I voti di povertà, castità e obbedienza giurati al momento di entrare a far parte dell'Ordine permeavano indubbiamente l'opera di Caravaggio. Sebbene una vita volta al monachesimo austero possa apparire in netto contrasto con l'opulenza di La Valletta, la capitale maltese dell'Ordine, in realtà la devozione religiosa veniva espressa nel mecenatismo artistico, celebrando Dio con la costruzione di palazzi barocchi e la commissione delle pale d'altare di Caravaggio, tuttora esposte nella co-cattedrale di La Valletta.*

I tessuti e i costumi raffigurati nei Bari *collocano i personaggi di Caravaggio in un ambiente contemporaneo, suscitando negli osservatori un senso di familiarità assente invece nei drappeggi tipici della pittura storica e religiosa. L'esposizione dei tessuti della collezione Rubelli e della Diocesi di Novara a fianco dei* Bari *ci permette di comprendere ancora meglio l'abilità dell'artista nel rendere la lucentezza delle stoffe, il dettaglio delle trame e l'intensità dei colori. Questa mostra accresce la nostra comprensione dell'attività di Caravaggio, donando nuova enfasi a un aspetto particolare della sua tecnica artistica.*

Tom Foakes
Direttore e responsabile del patrimonio
Museum of the Order of St John

The Order of St John and Caravaggio

The story of the Order of St John spans a period of more than nine hundred years. Founded in Jerusalem in the eleventh century, where the Order established a Hospital to care for sick pilgrims; in 1099 the Knights Hospitaller, as the Order was also known, adopted a military role in support of the first crusade.

Following successive defeats in battle, the Order began a slow retreat westward across the Mediterranean, settling briefly in Syria, then moving to Cyprus, to Rhodes, and finally, in 1530, to the island of Malta. For a period approaching three hundred years, the Knights defended and developed this rocky outcrop, constructing vast fortifications and embellishing the city of Valletta. Their rule ended in 1798, when Napoleon invaded and the Order was forced to relinquish its Mediterranean home.

The Museum of the Order of St John tells this story. It is housed in the Tudor Gatehouse of the Order's former Priory in Clerkenwell, its English headquarters, which was seized by Henry VIII at the Dissolution of the Monasteries. With more than 60,000 objects, including an extensive archive and historic library, the Museum's collections are diverse, embracing both the Order's early story and its modern role, as a royal Order of Chivalry, and as the founder of the international first aid charities, St John Ambulance and the St John Eye Hospital, Jerusalem.

Beginning with the crusades, and continuing through revolts and revolutions, war and peace, the story of the Order crosses the centuries and shows how, from its origins in founding a hospital to care for sick pilgrims, St John has maintained its caring role to the present day, working in countries throughout the world on numerous humanitarian projects.

Caravaggio maintains a special relationship with the Order of St John. His own turbulent narrative, stylistic innovation, and limited body of work, have gained him a prominent position in the canon of art history. Although lacking the noble birth that was at the time, a condition of membership, he was accepted into the Order on his artistic reputation, securing commissions while under the Order's protection on the island of Malta following his flight from Rome.

The loan of The Cardsharps *to the Museum, has enabled Caravaggio's story to be told in the context of the Order - as both a religious brotherhood, and in its patronage of the arts. The vows of poverty, chastity and obedience that were sworn on entering the Order, would have informed Caravaggio's work. While a life of austere monasticism may appear to contrast sharply with the opulence of Valletta, the Order's Maltese capital; religious devotion was expressed in such artistic patronage, glorifying God through the construction of baroque palaces and the commissioning of Caravaggio's altarpieces, which remain on display in Valletta's Co-Cathedral.*

The textiles and clothing depicted in The Cardsharps *place Caravaggio's sitters in a contemporary environment, lending the viewer a familiarity lacking in the classical draperies of historical and religious painting. In exhibiting the textiles of the Rubelli collection, and those of the Diocese of Novara, alongside* The Cardsharps, *we are able to understand further the artist's skills in capturing the sheen of the cloth, the pattern of the weave, and the richness of colour. Through this exhibition a unique insight into Caravaggio's work is gained, and a further aspect of his artistic technique is given new emphasis.*

Tom Foakes
Museum Director & Head of Heritage
Museum of the Order of St John

La Fondazione Sir Denis Mahon

Patrocinare questa mostra allestita in memoria di Sir Denis Mahon è stato un grande onore per i membri della Fondazione Sir Denis Mahon. Nel corso della sua vita, Sir Denis si è dimostrato un fervente sostenitore dell'opera delle gallerie e dei musei minori, attraverso mostre ed esposizioni mirate. Ha sempre promosso, inoltre, lo studio approfondito degli artisti del suo periodo di specializzazione, tra cui vanno annoverati appunto Caravaggio e questa versione dei Bari, *scoperta e autenticata dallo stesso Sir Denis*[1]*. La Fondazione ha ricoperto un ruolo fondamentale nel proteggere il dipinto, a seguito del terremoto che aveva tragicamente colpito la città di Cento nel 2012, nel momento in cui era diventato impossibile tenere l'opera in quel territorio. Con il sostegno della Diocesi di Novara, e grazie alla generosa ospitalità delle suore dell'Istituto Suore di San Giuseppe, che lo hanno custodito in attesa che facesse ritorno al Regno Unito, il dipinto ha trovato adesso degna dimora presso il Museum of the Order of St John. In seguito, imitando perfettamente la vita turbolenta dell'artista che lo dipinse, il quadro è finito al centro di una lunga controversia davanti alla Corte suprema. Sebbene l'attribuzione di un'opera d'arte non sia una scienza ma un'arte, e che di certo non possa essere decisa da un giudice, la questione verrà dibattuta per molti anni a venire dagli studiosi di Caravaggio.*

Nel corso dell'anno passato, la Fondazione Mahon ha intrapreso svariate altre attività, tra cui il finanziamento di un'edizione riveduta e corretta della monografia I dipinti del Guercino *di Salerno e il patrocinio della mostra* I capolavori del Barocco *organizzata dalla Diocesi di Novara. Generose sono state le donazioni all'Art Fund, l'ente pubblico che raccoglie fondi per l'acquisto di opere d'arte per l'Inghilterra: la fondazione ha potuto così contribuire al London University Student Art Pass (pass gratuito per i musei destinato agli studenti), all'acquisto dell'autoritratto di Van Dyck e a un catalogo sull'arte barocca e tardobarocca in collaborazione con l'Università di Oxford. La fondazione ha inoltre finanziato l'allestimento di una mostra di quadri di Luke Dillon Mahon tenutasi presso la Commissione europea a sostegno del British Fund for the National Gallery of Ireland, nonché l'acquisto di uno dei quadri, sempre per la National Gallery of Ireland.*

Tra i progetti in corso, segnaliamo la donazione dell'archivio e della biblioteca di Sir Denis alla National Gallery of Ireland, oltre all'istituzione di premi per un concorso di disegno alla Royal Drawing School e per un concorso per giovani studenti dedicato alla stesura di un saggio sul periodo barocco.

La Fondazione Sir Denis Mahon ha appreso dal comune di Cento che l'inizio dei lavori di restauro della pinacoteca è previsto per i primi mesi dell'anno prossimo e che, nel frattempo, una selezione dei capolavori del Guercino è esposta nella chiesa di San Lorenzo. Ci sembra dunque particolarmente appropriato che, quest'anno, il Premio Sir Denis Mahon *si tenga proprio a Cento, e i membri fiduciari della Fondazione sono lieti di pubblicare il saggio che ha vinto la scorsa edizione,* Every painter paints himself: self-portraiture and myth-making in the works of Caravaggio[2], *di Anna Murphy, nel catalogo che accompagna la mostra.*

Suzanne J. Marriott
Presidente fiduciario della Fondazione

Orietta Benocci Adam
Membro fiduciario della Fondazione

Alan Bryant
Membro fiduciario della Fondazione

[1] Mina Gregori, Maurizio Marini *et al.*, *Caravaggio: l'immagine del Divino*, Trapani 2007; Antonio Paolucci, Daniele Benati, *et al.*, *Caravaggio: "I bari"*, Musei San Domenico, Forlì 2008.

[2] Ogni pittore dipinge se stesso: l'arte dell'autoritratto e la creazione di miti nelle opere di Caravaggio.

The Sir Denis Mahon Charitable Trust

It has given the Trustees of The Sir Denis Mahon Charitable Trust great pleasure to support this exhibition in Sir Denis's memory. During his life Sir Denis was passionately committed to supporting the work of smaller museums and galleries by in focus displays and exhibitions. He encouraged the further study of artists of his period, including Caravaggio and this version of The Cardsharps *which he discovered and authenticated.*[1] *The Charitable Trust was instrumental in protecting the picture when the tragic earthquake struck in Cento in 2012 which made it impossible for the picture to stay there. Together with the help of the Diocese of Novara and the fantastic shelter provided by the nuns of the Monastery of St Joseph where it was kept before it could be brought back to the UK, it now finds itself in the most fitting of homes at the Museum of the Order St John. In true Caravaggio style turmoil the picture then found itself the subject of a long period of litigation in the High Court. Whilst attribution is an art not a science, and not one that can be determined by a judge, the question of attribution will remain open for many years to come amongst Caravaggio scholars.*

The Charitable Trust has undertaken a number of other activities over the past year including funding the publication of a revised edition of Salerno's Monograph on the Paintings of Guercino, sponsoring a Baroque Masterpieces exhibition in the Diocese of Novara and made donations to the Art Fund for the London University Student Art Pass, for the purchase of the Van Dyck self portrait, for a catalogue of Baroque and late Baroque Art with the University of Oxford and supported an exhibition of Luke Dillon Mahon paintings held at The European Commission in aid of the British Fund for the National Gallery of Ireland and the purchase of one of the paintings for the NGI.

On-going projects include funding the placement of Sir Denis' archive at the National Gallery of Ireland and the Library Project, together with a drawing prize for the Royal Drawing School and an essay competition for students of the Baroque period.

The Sir Denis Mahon Charitable Trust understands from the City of Cento that works to restore the Pinacoteca are due to begin early next year and that in the meantime a special selection of Guercino masterpieces are shown at the Church of San Lorenzo. It seems particularly fitting that this year The Sir Denis Mahon Prize takes place at Cento and the Trustees are pleased to publish last year's winning essay "Every painter paints himself: self-portraiture and myth-making in the works of Caravaggio" by Anna Murphy in the catalogue accompanying this exhibition.

Suzanne J. Marriott
Chair Trustee

Alan Bryant
Trustee

Orietta Benocci Adam
Trustee

[1] Mina Gregori, Maurizio Marini etc. Caravaggio *L'Immagine del Divino*, Trapani 2007; Antonio Paolucci, Daniele Benati etc *"Caravaggio "I Bari"* Musei San Domenico, Forlì 2008.

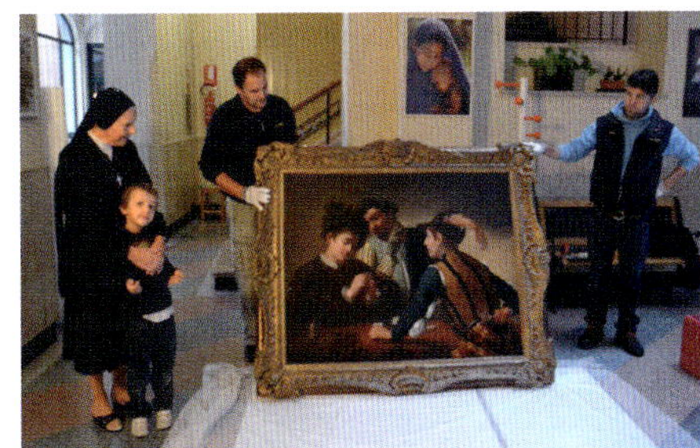

I bari all'Istituto delle Suore di San Giuseppe, Novara, 2012 /
The Cardsharps at the Monastery of St Joseph, Novara, 2012

Il desiderio, più volte espresso, che occasioni importanti e prestigiose per far conoscere il ricco e variegato patrimonio artistico del Novarese potessero moltiplicarsi nel tempo diventa nuovamente realtà con la mostra Caravaggio. Moda e Tessuti. *Una manifestazione che si inserisce nella scia lasciata da precedenti e felici allestimenti espositivi, convegni, giornate di studio e pubblicazioni e che si collega, quest'anno, al progetto di valorizzazione "Città e Cattedrali", consentendo un'ulteriore occasione di promozione del patrimonio diocesano. Non si possono qui tacere le più recenti mostre* Capolavori del Barocco. Il trionfo della pittura nelle Terre Novaresi *dell'estate 2015 in occasione dell'Expo di Milano, o quella immediatamente precedente* Capolavori caravaggeschi a Novara. Pittura di realtà a Novara e nel suo territorio*, come pure* Da Gaudenzio a Pianca. Omaggio a Giovanni Testori. Capolavori restaurati nel Novarese *tenutasi nel 2009.*
Non meno significativa, inoltre, è stata la mostra Divo Carolo. Carlo Borromeo pellegrino e santo tra Ticino e Sesia*, divenuta possibile nel 2011 grazie a una sinergia tra le diocesi di Vercelli e di Novara, che ha messo in luce gli innegabili influssi e gli echi dell'opera del grande vescovo milanese anche in territorio piemontese.*
Quella che si presenta ora non è, quindi, una manifestazione estemporanea, ma una proposta culturale che riesce a conciliare lo studio che può sembrare erudito e specialistico – e a torto considerato di nicchia – su un tema particolare come quello dei tessuti e della moda, con la possibilità di ammirare opere di grande livello artistico e manifatturiero provenienti da un vero e proprio museo diffuso del Novarese. Già nel 2009 con il volume Sete, ricami e taffetas. Dettagli di moda nella pittura novarese del Seicento *si erano mossi passi significativi nello studio di questo interessante filone della storia dell'arte; ora – con questa nuova esposizione – vi è anche la possibilità di "toccare con mano" e apprezzare da vicino questo interessante accostamento, scoprendo come moda e tessuti siano stati ampiamente utilizzati, rappresentati e riprodotti nelle opere pittoriche che costellano il vasto e affascinante mondo dell'arte, dove la maestria dei grandi nomi – primo fra tutti, appunto, Caravaggio – ha saputo fare la differenza anche nella cura dei dettagli, dove accanto all'uso del colore sembra di cogliere quasi fisicamente la materia e la tecnica esecutiva di abiti, stoffe, accessori e arredi che hanno caratterizzato un'epoca e una moda.*

Paolo Mira
Direttore Ufficio Beni Culturali della Diocesi di Novara

Maria Rosa Fagnoni
Presidente Agenzia Turistica Locale della Provincia di Novara

The frequently expressed hope that important and prestigious opportunities might be reiterated over the course of time, aimed at making known Novara's rich and diverse artistic heritage, has once again become a reality thanks to the exhibition Caravaggio. Fashion and fabrics. *An event in the wake of previous successful exhibitions, conferences, seminars and publications; one that this year is linked to the "Città e Cattedrali" development project, representing another opportunity for promoting the heritage of the diocese itself. It would be worthwhile mentioning the most recent exhibitions, such as* Capolavori del Barocco. Il trionfo della pittura nelle Terre Novaresi *staged during Expo 2015 hosted in Milan during the past summer, or the previous one entitled* Capolavori caravaggeschi a Novara. Pittura di realtà a Novara e nel suo territorio, *in addition to* Da Gaudenzio a Pianca. Omaggio a Giovanni Testori. Capolavori restaurati nel Novarese *that took place in 2009.*
Moreover, no less significant was the Divo Carolo. Carlo Borromeo pellegrino e santo tra Ticino e Sesia *exhibition, which became possible in 2011 thanks to the synergy between the diocese of Vercelli and that of Novara. It brought to light the undeniable influences and repercussions that the great Milanese bishop's work had even in the Piedmont region.*
Therefore what is being presented is not an impromptu event, but a cultural proposal that manages to combine studies that may seem erudite and specialized (and wrongly considered as belonging to a niche) on a particular subject (such as textiles and fashion), with the opportunity for admiring works of great artistic and manufacturing levels from an actual museum that spreads out over the entire Novara area. Beginning in 2009 with the volume entitled Sete, ricami e taffetas. Dettagli di moda nella pittura novarese del Seicento, *some significant steps have been made in the study of this interesting sector of art history; and now – thanks to this new exhibition – there is also the chance for "touching" and appreciating this interesting combination in the first person, discovering how fashion and textiles have been widely employed, represented and reproduced in paintings that constellate the vast and fascinating world of art; where the mastery of illustrious names (Caravaggio, of course, being first and foremost) have made the difference even in that special attention for detail, where, alongside the use of colour one seems to nearly physically grasp the materials and techniques used for clothing, fabrics, accessories and furnishings that have characterized an era and its fashion.*

Paolo Mira
Director, Cultural Heritage Office of the Diocese of Novara

Maria Rosa Fagnoni
Director of the Local Tourist Agency of the Novara Provincial Administration

SOMMARIO / CONTENTS

CARAVAGGIO E LA MODA. APPUNTI DI STORIA DEL COSTUME

FRANCESCO GONZALES

Sono passati ormai 63 anni dal saggio di Stella Mary Pearce *Costume in Caravaggio's painting*, apparso sul "Magazine of Art" del 1953[1], uno dei pochi brani di critica d'arte dedicati all'approfondimento del rapporto tra la storia del costume e le opere di Michelangelo Merisi da Caravaggio. Dopo così tanti anni la bibliografia dedicata a questo argomento rimane assolutamente scarna per non dire assente: pochi accenni a margine di saggi e articoli di settore. Da quegli anni molti passi sono stati fatti: la storia del costume è diventata sempre più essenziale per delineare aree e ambienti e per supportare ipotesi di datazioni e attribuzioni. Nel pensare a questa mostra abbiamo voluto cercare di mettere a fuoco ciò che a un primo esame poteva risultare forse marginale all'interno del corpus caravaggesco: l'abito e il tessuto. L'approccio di Caravaggio verso la pittura è frutto di una attenta e sistematica analisi del reale: un reale che non permette, per lo meno sino agli anni napoletani, divagazioni o licenze, ma che si caratterizza per l'oggettiva riproduzione in senso naturalistico della realtà. Un tentativo di analisi del costume in Caravaggio va posto in attenta sintonia con gli anni e con i luoghi dei suoi esordi. Anni alquanto bizzarri e inquieti, anni in cui la moda e la descrizione di essa poneva in essere le prime basi in alcuni trattati fondamentali: del 1581 è *Habitus variarum orbis gentium* di Jean-Jacques Boissard mentre nel 1590 Cesare Vecellio pubblicava a Venezia il volume *De gli habiti antichi, et moderni di diverse parti del mondo*[2]. Tali testi, completati da tavole illustrate incise a bulino, restano la testimonianza di prime ingenue catalogazioni enciclopediche di abiti e costumi d'Italia e d'Europa e costituiscono un valido repertorio per porre le basi di un discorso intorno alle opere di Caravaggio.

La ricerca portata a compimento insieme a Flavia Fiori parte dalla comparazione e dallo studio di reperti tessili coevi alle opere di Caravaggio, insieme a confronti con fogge e tessuti che si possono avvicinare alle immagini della produzione di Merisi. Lo spunto iniziale è stato dato dalla possibilità che in questi ultimi anni ho avuto di soffermarmi sull'osservazione dei *Bari* scoperto da Sir Denis Mahon nel 2006 e attualmente in deposito presso il Museo dell'Ordine di St John a Londra[3] (fig. 1). È in queste occasioni che ho iniziato a pensare a un progetto che potesse approfondire l'aspetto legato ai tessuti e alla moda all'interno del dipinto, evidenziando, al contempo, le numerose ripercussioni su gran parte della produzione di Caravaggio. Il dipinto offre infatti molti spunti su questo versante: il soggetto dei *Bari* per il suo taglio quasi di "cronaca" facilita l'analisi poiché il pittore si sofferma, con perizia e attenzione, nel descrivere e nel tratteggiare a pennello la foggia degli abiti e i motivi decorativi dei tessuti presenti. Nella tela è raffigurata, in un interno anonimo, su uno sfondo ocra, una scena animata da tre personaggi caratterizzati per ceto e per età in modo preciso. Tra le varie fonti disponibili ci viene in aiuto la preziosa testimonianza di Giovanni Pietro Bellori[4] che così descrive il tema del dipinto nella versione oggi a Fort Worth: "Veggonsi quelli quadri nel palazzo del Principe Pamphilio, & un altro degno deli iilelTa lode nelle camere del Cardinale Antonio Barberini, disposto in tré mezze figure ad un giuoco di carte. Finsevi un giovinetto semplice con le carte in mano, & e una testa ben ritratta dal vivo in habito oscuro[5], e di rincontro à lui si volge in profilo un giovine fraudolente appoggiato con una mano sù la tavola del giuoco, e con l'altra dietro cava una carta falla dalla cinta, mentre il terzo vicino al giovinetto guarda li punti delle carte, e con tre dita della mano li palesa al compagno, il quale nel piegarsi su'l tavolino, espone la spalla al lume in giubbone giallo listato di fascie nere, nè finto è il colore nell'imitatione". Tale descrizione diventa fondamentale perché cita nel testo alcuni termini specifici relativi ai nomi degli abiti e delle vesti. Il giovane di spalle indossa una candida camicia sulla quale è posato un "giubbone" o "giuppone"[6] a contrasto, in verde smeraldo; delle soprammaniche sono fissate con alcune cuciture "invisibili" al *giubbone*, mentre un nastro chiuso con un fiocco serra la manica all'altezza del gomito lasciando fuoriuscire dagli spazi la camicia, creando così un gioco di ricchezza ed eleganza. Completano il tutto delle "brache" (Sir Denis Mahon le definiva "savoldesche") decorate da bande in contrasto in panno di lana. Il *giubbone* è realizzato con tessuto di damasco di seta caratterizzato da un disegno a grande rapporto dimensionale, segnato da membrature nere verticali. Le membrature nere, oltre a fungere da decorazione, corrispondono ai punti di giuntura delle varie pezze di damasco, così da celarne le cuciture. Il damasco utilizzato si compone da diverse porzioni della pezza: infatti come si può osservare

CARAVAGGIO AND FASHION. NOTES ON THE HISTORY OF COSTUME

FRANCESCO GONZALES

Some 63 years have elapsed since Stella Mary Pearce's essay "Costume in Caravaggio's painting", was published in 1953[1] in *Magazine of Art*, one of the few articles dedicated to studying the relationship between the history of costume and the works of Michelangelo Merisi da Caravaggio. After all these years, the bibliography dedicated to the subject still remains incredibly meagre – if not absent: just a few notes at the margins of essays and articles in the sector. Great steps forward have been made since those times: the history of costume has become increasingly essential in outlining areas and environments, and in supporting hypotheses regarding dates and attributions. In conceiving this exhibition, our aim was to focus on what (at first glance) might seem to be marginal within Caravaggio's corpus of works: namely apparel and fabric. Caravaggio's approach towards painting was the result of careful and systematic analysis of reality: reality that did not allow, at least until the Neapolitan years, digressions and liberties but was characterized by an objective reproduction of reality in the naturalistic sense. An attempt at analyzing the costume of Caravaggio should be done in careful harmony with the years and places of his debut in the world of art. Those were rather bizarre and restless years, ones in which fashion and its description laid down the first cornerstones for some fundamental essays: one of them was Jean-Jacques Boissard's "Habitus variarum orbis gentium", dated 1581 while in 1590, Cesare Vecellio published the volume entitled "De gli habiti antichi, et moderni di diverse parti del mondo"[2] in Venice. These texts, which were completed with burin-engraved illustrated tables, stand as proof of the early ingenuous encyclopaedic cataloguing of clothing and costumes in Italy and Europe; they represent a precious repertory at the basis of a discourse concentrating on the works of Caravaggio.

Research conducted together with Flavia Fiori began by comparing and studying textile artefacts contemporary to Caravaggio's works, in addition to comparisons with styles and fabrics that may resemble the images of Merisi's artistic production. The initial idea arose from the opportunity I had over recent years to linger over the study of *The Cardsharps*, discovered by Sir Denis Mahon in 2006 and presently on display at the Museum of the Order of St John in London[3] (fig. 1). I began taking into consideration a project that might delve into the aspects inherent to fabrics and fashion within the painting, while highlighting their many repercussions on many of Caravaggio's other works. In fact, the painting offers many insights regarding this aspect: its style approaches reportage, and the subject of *The Cardsharps* fosters this analysis, since the painter skilfully and carefully lingers over the description and the brushstrokes, in the style of clothing and the patterns decorating the fabrics present in the painting. Within an anonymous setting and against an ochre-coloured background, the painting illustrates a scene animated by three characters – each characterized by age and social standing. Of the various sources available, we have been assisted by the precious proof provided by Giovanni Pietro Bellori[4], who thus describes the subject of the painting in its version presently housed in Fort Worth: "These pictures can be seen in Prince Pamphili's palace and another one worthy of the same praise in Cardinal Antonio Barberini s rooms showing three half-figures playing cards. In this Caravaggio represented a naïve young man holding the cards, a head well portrayed from life in a dark suit[5], and seated opposite a dishonest young man turned towards him in profile who leans on the card table with one hand while the other behind him takes a false card from his belt, while the third figure close to the young man looks at the marks on the cards and with three fingers of his hand reveals them to this companion, who as he bends forward over the table exposes his shoulder to the light in a yellow jacket striped with black, nor is the colour false in its imitation of life".

This description is fundamental as it mentions some specific terms relative to the names of clothing and garments. The young man with his back turned is wearing a white shirt with a "giubbone" or "giuppone"[6] (jacket) on top, in a contrasting emerald-green colour, with oversleeves fixed to the *giubbone* through some "invisible" stitching while a ribbon ending with a bow fastens the sleeve at the elbow, allowing the shirt to peep through some of the gaps – creating a play of opulence and elegance. The whole setup is complete with his "brache" (breeches) (Sir Denis Mahon termed them "savoldesche") decorated with contrasting strips in woollen felt cloth. The *giubbone* is made of silk damask fabric characterized by a pattern of broad dimensions, marked by black vertical stripes. These black stripes, in addition to serving as a decoration, correspond to the seams holding

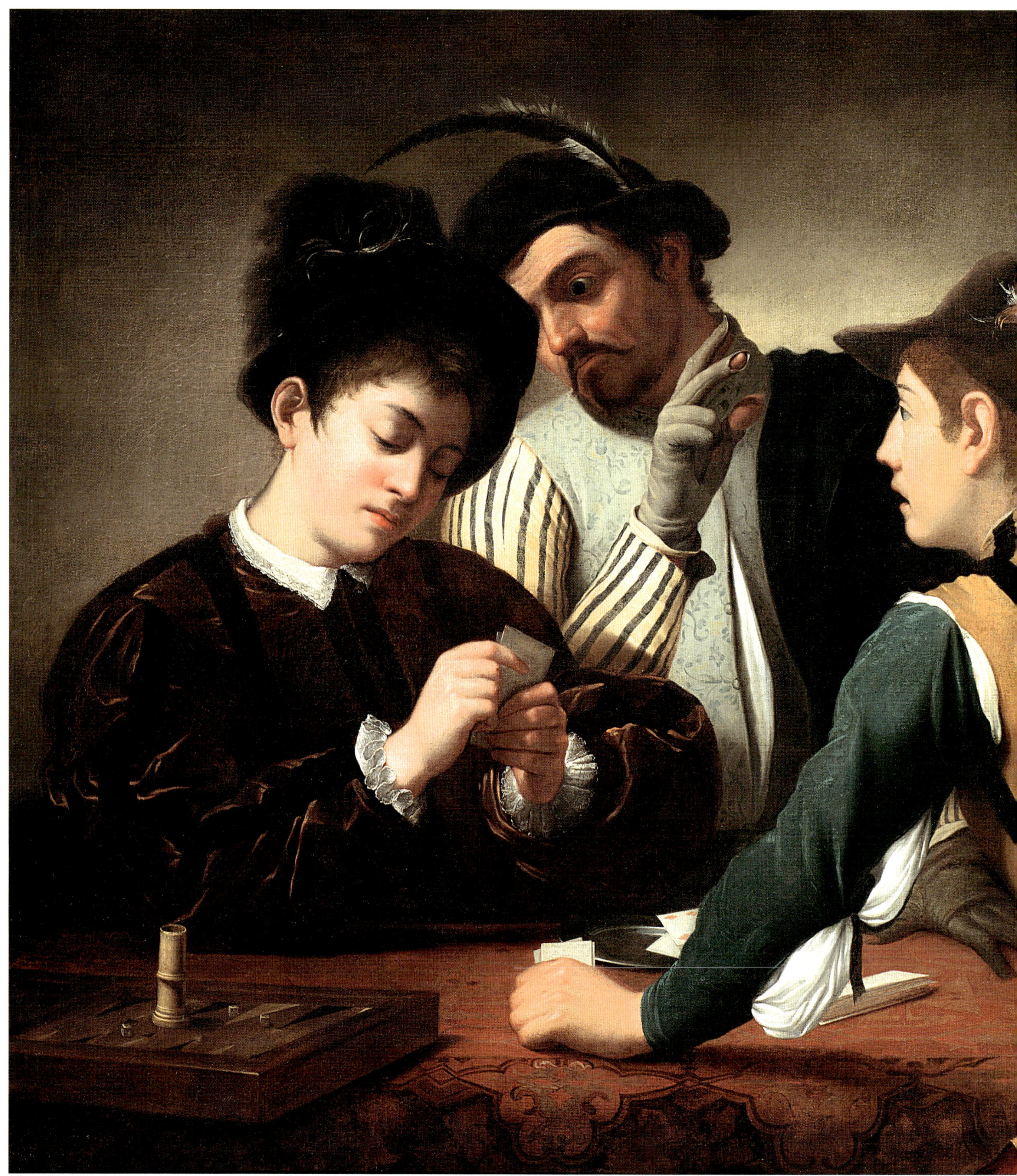

1. Caravaggio, *I bari*, c. 1595. Collezione privata, in prestito al Museum of the Order of St John. Prestito gestito dalla Fondazione Sir Denis Mahon

1. Caravaggio, *The Cardsharps*, c. 1595. Private collection, on loan to the Museum of the Order of St John. Loan managed by Sir Denis Mahon Charitable Trust

together the various pieces of damask and are therefore used to hide the seams. The damask used is made up of various portions of the cloth: in fact, one can observe the large pine cone that makes up the central decoration of the fabric that seems to have been cut in half – as if the *giubbone* had been made by using "leftover" scraps of damask. Moreover, this custom of "recycling" precious fabrics was not an unusual habit: one could often observe, even in liturgical vestments, the reuse of the same colour of fabric sewn together by precious galloons. High prices of silk and threads made it necessary to use asymmetrical portions of fabric in clothes manufacturing. Problems linked to the use of fabrics with patterns of "great dimensions" during the sixteenth century, and consequently the difficulty in making portions of the same presentable, was also the reason for introducing a new series of fabrics characterized by tiny patterns that were easier to apply in the fashion trends dating back to that period[7] (i.e., the pattern used for the *giubbone* belonging to the older cardsharper).
This realistic detail is well justified with the attention that Caravaggio paid to realism – where even the smallest detail, albeit a strident one, was outlined with extreme care and expertise. Stella M. Pierce proposes and interprets the "urchin's" clothing (fig. 2) as belonging to military attire standards, as has also been reported by numerous iconographic accounts such as engravings by Abraham de Bruyn in 1581, the series of soldiers by Jacques de Gheyn II drawn from Hendrick Goltzius in 1585, or by Johann Bussemacher in 1590, with the same military topic. The young man's outfit is reminiscent of the employment of German garrisons stationed in Rome at the end of the sixteenth century. Especially his bouffant breeches with parallel bands which can be found in some military portraits, such as the painting by the Bologna-born artist Bartolomeo Passarotti entitled *Portrait of an Unknown Soldier in Armour* that was included in a Sotheby's auction in Florence in 1982[8] (fig. 3). His breeches are made of red velvet with the application of yellow bands marked with parallel stitching while (to facilitate movement) two triangular sections follow the folds of leg divaricating. The headdress, which is a sort of *chapel à bec* (bycocket) decorated with pink and white ostrich feathers, is made of felt perhaps using fine rabbit or hare fur – as can be hypothesized by observing the felt fur, highlighted by the painter's

2. Caravaggio, *I bari*, particolare

2. Caravaggio, *The Cardsharps*, detail

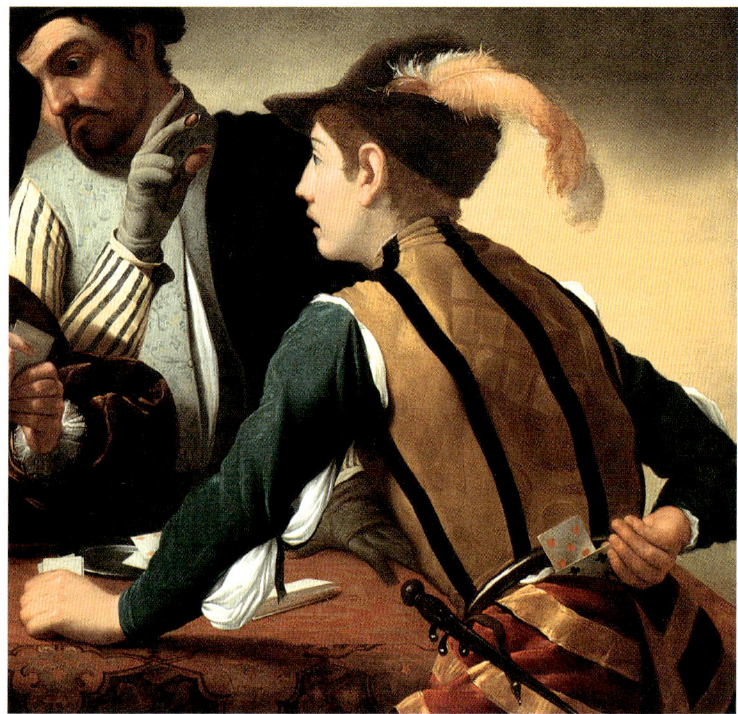

direttamente dal dipinto la grande pigna, che caratterizza il motivo decorativo centrale del tessuto, risulta tagliata a metà quasi il *giubbone* fosse realizzato da porzioni di damasco "di recupero". Questa abitudine di "recupero" di tessuti preziosi, peraltro, non è usanza inconsueta: anche nelle vesti liturgiche spesso si osservano riutilizzi dello stesso colore di tessuto legate insieme da galloni preziosi. Gli alti costi della seta e dei filati impongono di adeguare per il confezionamento di abiti porzioni non simmetriche di tessuto. I problemi legati all'utilizzo di tessuti con disegni a "grande rapporto" dimensionale in questa fine Cinquecento, e di conseguenza la difficoltà di rendere presentabili le porzioni del tutto, è anche il motivo per il quale furono introdotti una nuova serie di materiali caratterizzati da disegni minuti di più facile impiego nella moda di quegli anni[7] (un tipo di disegno che si collega per esempio al giubbone del baro anziano).

Questo dettaglio realistico bene si giustifica con l'attenzione al dato reale della pittura di Caravaggio in cui anche il minimo particolare, seppur stridente, viene delineato con estrema attenzione e perizia. Stella M. Pearce propone e interpreta l'abbigliamento del "monello" (fig. 2) all'interno degli schemi dell'abbigliamento militaresco, così come riportato anche da numerosi riferimenti iconografici quali le incisioni di Abraham de Bruyn del 1581, della serie dei soldati di Jacques de Gheyn II tratte da Hendrick Goltzius del 1585 o di Johann Bussemacher del 1590 di medesimo soggetto militare. Il complesso dell'abbigliamento del giovane è assimilabile all'uso delle guarnigioni tedesche di stanza a Roma alla fine del XVI secolo. In particolare ritroviamo le brache a sbuffo, a bande parallele in alcuni ritratti militareschi come nel dipinto del bolognese Bartolomeo Passarotti *Ritratto di uomo in armatura* passato in asta Sotheby's a Firenze nel 1982[8] (fig. 3). Le brache sono realizzate in velluto rosso con applicate fasce gialle segnate da impunture parallele mentre, per agevolare il movimento, due sezioni tagliate a triangolo seguono il segno della divaricazione delle gambe. Il copricapo, una sorta di "chapel à bec", decorato con piume di struzzo bianche e rosate, è realizzato in feltro di pelo fine, forse di coniglio o di lepre, come si può ipotizzare osservando i peli del feltro rilevati a punta di pennello dal pittore nella parte posteriore del copricapo ed evidenziati dal controluce.

La figura del giovane "pavone", in cui spicca la livrea multicolore, contrasta con la composta sobrietà del giovane ingenuo con il volto pensieroso e le carte in mano. Il ragazzo indossa un sobrio "farsetto" color borgogna scuro decorato da strisce nere verticali. La resa materica della versione "Mahon" differisce leggermente dalla versione di Fort Worth: la veste sembra infatti resa in un tessuto simile al raso più riflettente, mentre la versione già "Mahon" sembra realizzata in un panno lucido o in un velluto leggero e sottile. Come nella *Buona ventura* la camicia fuoriesce dal farsetto mostrando il colletto leggermente a punta e i polsini arricciati a lattuga impreziositi da finissimo pizzo che crea un effetto di mossa vibrazione nel gesto di sostenere le carte. Il colletto bianco è anch'esso arricchito con pizzo applicato che crea una leggera increspatura e abbellisce la bordura. Le bande nere sono applicate sopra il tessuto e Caravaggio spinge agli estremi l'osservazione dei particolari. Infatti, verso il fondo della manica e del polsino, le diverse consistenze delle due stoffe, più morbida

3. Bartolomeo Passarotti, *Ritratto di uomo in armatura*, c. 1580. Collezione privata, Bologna, Archivio Zeri

3. Bartolomeo Passarotti, *Ritratto di uomo in armatura*, c. 1580. Private collection, Bologna, Archivio Zeri

brushstrokes in the rear of the hat, as they stand out against the light. The figure of the young "pavone" (peacock) wearing multicoloured livery is in strong contrast with the composed sobriety of the young naïve man with pensive features, who is holding playing cards in his hand. The young man is wearing a sober burgundy-coloured "farsetto" (doublet) decorated with vertical black stripes. The yield of "Mahon's" version slightly differs from that of Fort Worth: in fact, his garment seems to have been made in a fabric similar to a more reflective kind of satin, whereas the former "Mahon" version seems to have been made in a shiny cloth or in thin lightweight velvet. As in *The Fortune Teller*, the shirt peeps through the doublet with its slightly pointed collar and ruffled cuffs finished in fine lace – creating an effect of moving vibration in the act of holding his playing cards. The white collar is in turn embellished with applied lace that ends in a slight ripple as it adorns the edging. Black stripes have been applied over the fabric and Caravaggio goes to extremes in his observation of detail. In fact, towards the bottom of the sleeve and cuff, the two fabrics have different textures: one is softer while the other is stiffer, as if held together by small underlying stitches. These mark, in a non-uniform manner, the draping of the sleeve and create an effect of movement and iridescent reverberation. The fabric used in the doublet is made all the more precious by some "sforbiciate" (scissor jabs) that can be observed especially on the front of his bodice ("sforbiciate" that can barely be seen in Mahon's version and are more prominent in Fort Worth's). Thanks to X-ray testing conducted in 2007, it is possible to observe in greater detail how the doublet sleeves have been tailored creating a bouffant swelling at the bicep level; this detail was barely perceivable with the naked eye because of the dark colour of the garment that concealed such references[9] (fig. 5). It is a rather uncommon model for late-sixteenth century Rome, but one that can be ascribed to a previous period as testified by *Portrait of a man* (1567) that is preserved on the premises of the Germanisches Nationalmuseum in Nuremberg, along with other iconographic references such as the Wise Man dressed in a green and gold striped garment, perhaps the patron of the same[10], in Jacopo Bassano's Adoration of the Magi, in the collection of the National Gallery of Scotland in Edinburgh. The attire is completed with a floppy hat, with a barely prominent brim

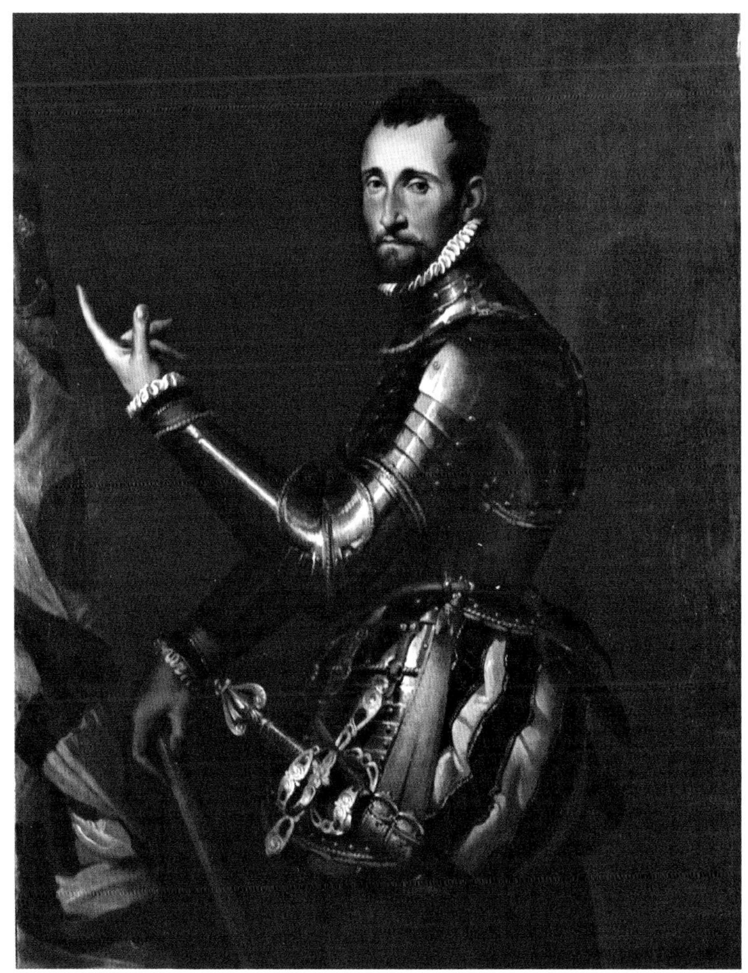

embellished with a few black and white feathers: a model that can be found in various references to the last two decades of the sixteenth century, as in Federico Zuccari's drawing depicting *Taddeo Decorating the Façade of the Palazzo Mattei as Observed by Michelangelo* (1595) that is housed in the Getty Museum in Malibu (fig. 6). The dark shades of the garment, despite the exuberance and wideness of its sleeves, denote a certain degree of austerity that has some aspects in common with the rigour of Spanish fashion during the sixteenth century, which demanded (for men of upper social classes) dark col-

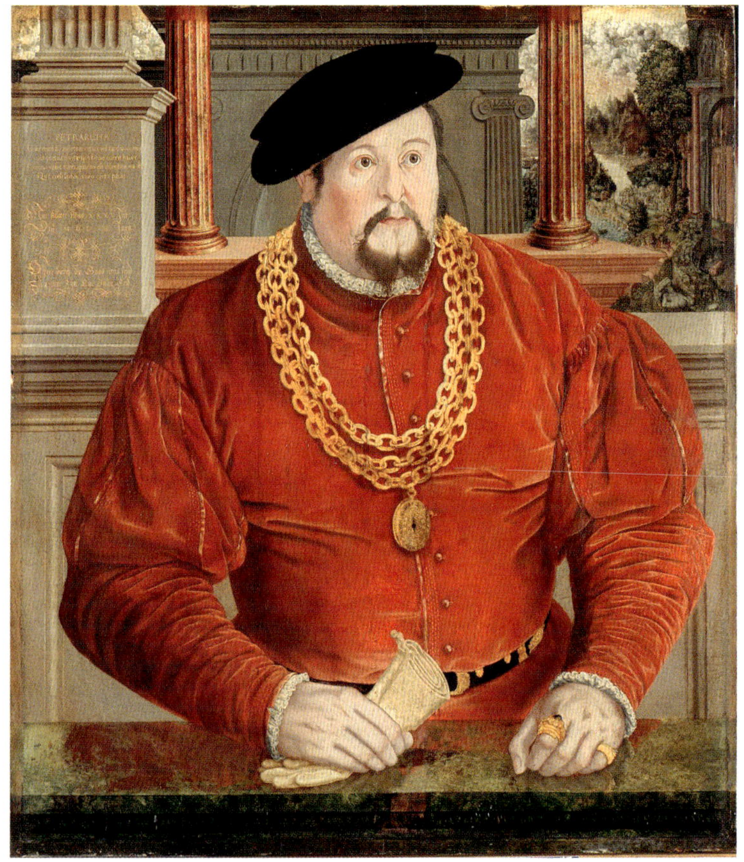

4. Anonimo del XVI secolo, *Ritratto di uomo*,1567. Norimberga. Germanisches Nationalmuseum

4. Anonymous, XVI century, *Portrait of a man*,1567. Nuremberg, Germanisches Nationalmuseum

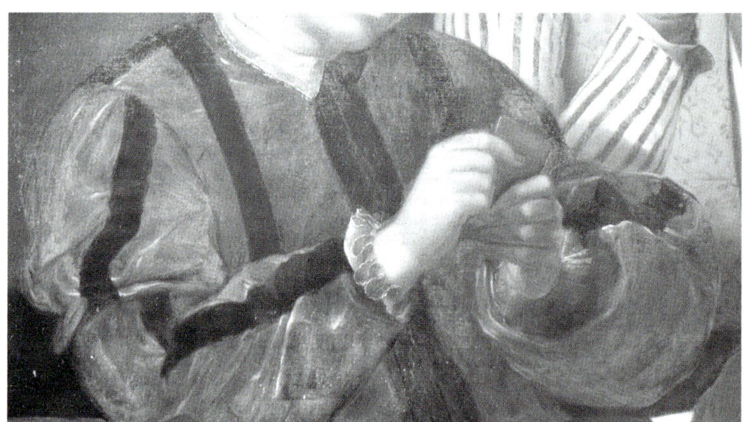

5. Caravaggio, *I bari*, particolare radiografico

5. Caravaggio, *The Cardsharps*, x-ray detail

l'una e più rigida l'altra, come trattenute da piccoli punti di cucitura sottostanti, segnano in modo non uniforme il panneggio della manica, creando un effetto di mosso e cangiante riverbero. Il tessuto del farsetto è reso ancor più prezioso dalla presenza di "sforbiciate" osservabili soprattutto nella parte frontale del busto ("sforbiciate" appena percepibili nella versione Mahon e più accentuate in quella di Fort Worth). Grazie alle radiografie effettuate nel 2007 è possibile rilevare con più precisione come le maniche del farsetto siano confezionate creando un rigonfiamento a sbuffo all'altezza bicipite, dettaglio poco percepibile a occhio nudo a causa della materia scura della veste che maschera i riferimenti[9] (fig. 5). Si tratta di modello non comune nella Roma di fine Cinquecento ma da ascrivere a un periodo precedente come testimoniato dal *Ritratto di uomo*, conservato presso il Germanisches Nationalmuseum di Norimberga datato 1567 e come altri riferimenti iconografici quali il particolare del Re Mago dalla veste rigata verde e oro, forse il committente[10], nell'*Adorazione dei Magi* di Jacopo Bassano, conservato nella National Gallery of Scotland a Edimburgo. L'abbigliamento è completato da un copricapo floscio, con tesa poco prominente, arricchito da alcune piume nere e bianche: modello che ritroviamo in diversi riferimenti dell'ultimo ventennio del Cinquecento come nel disegno di Federico Zuccari del 1595 raffigurante *Taddeo che decora la facciata di Palazzo Mattei osservato da Michelangelo* e conservato presso il Getty Museum di Malibù (fig. 6). L'intonazione scura della veste, pur nell'esuberanza e nell'ampiezza delle maniche, denota una certa austerità che trova punti di contatto con il rigore dei dettami della moda spagnola del XVI secolo e che esige, per la figura maschile di ceto alto, toni severi e fogge di ispirazione militare[11]. Mi sembra interessante osservare come ritroviamo tale foggia nel monumento sepolcrale in alabastro attribuito allo scultore Esteban Jordán[12], databile tra il 1575-80 e conservato nella Cripta del Priorato della Chiesa di San Giovanni di Clerkenwell a Londra (fig. 9). In particolare il paggio recumbente, posto a fianco del cavaliere, indossa vesti dalla tipica foggia spagnola: la figura del giovane è abbigliata con una camicia con collo e polsini a lattuga non troppo prominenti. La veste principale è composta dal giubbone impreziosito da

6. Federico Zuccari, *Taddeo Zuccari che decora la facciata di Palazzo Mattei osservato da Michelangelo*, 1595. Malibù, Getty Museum

6. Federico Zuccari, *Taddeo Decorating the Façade of the Palazzo Mattei as Observed by Michelangelo*, 1595. Malibù, Getty Museum

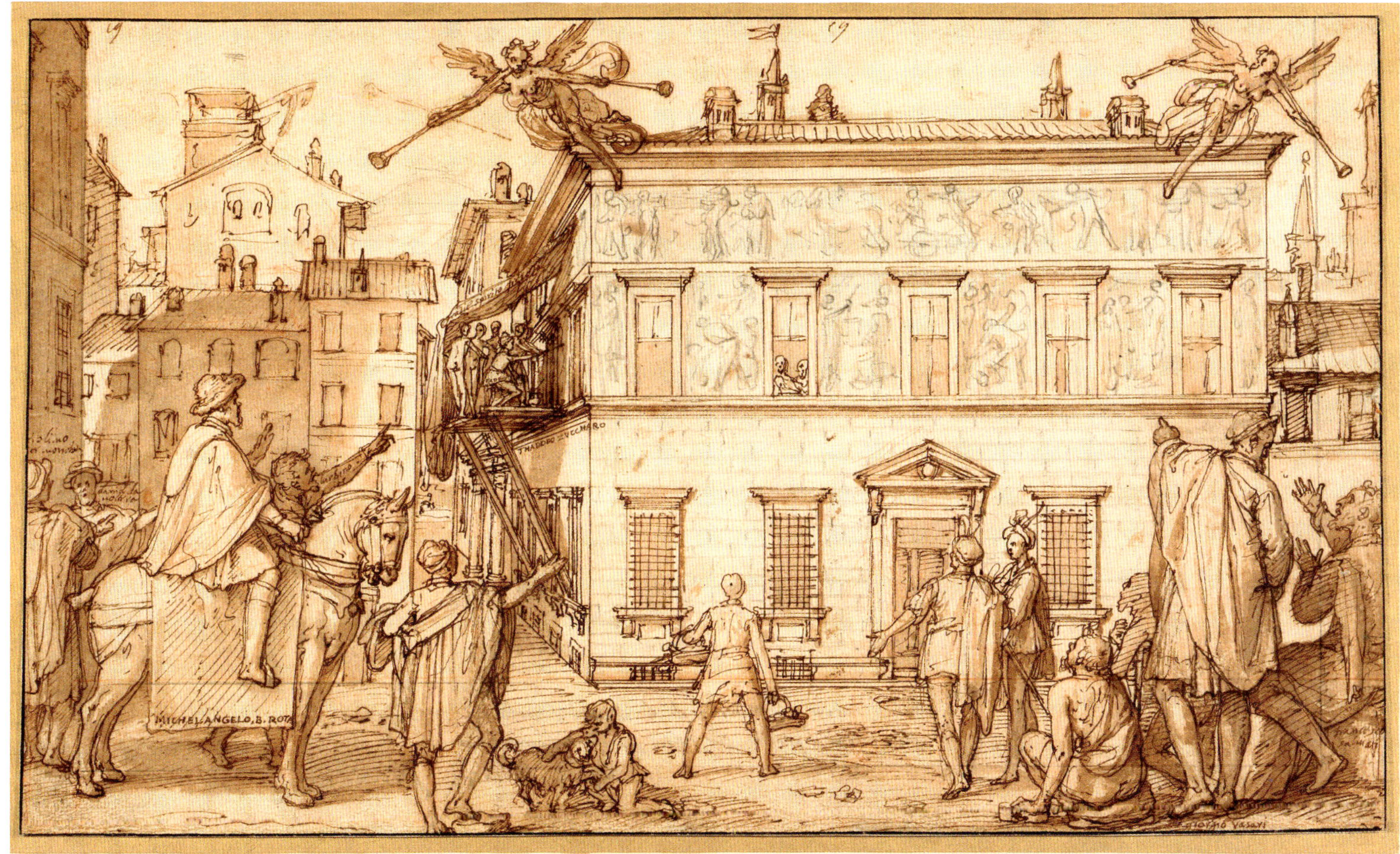

ours and military-inspired styles[11]. I believe it worthwhile to observe how the said fashion is found in the alabaster effigy attributed to the sculptor Esteban Jordán[12], which can be dated between 1575/1580 and is preserved in the Crypt of the Priory Church of St John in Clerkenwell in London (fig. 9). In particular the reclining pageboy, lying alongside the Knight, wears clothes of a typical Spanish style: the young man is dressed in a shirt with not particularly prominent ruffling at the collar and cuffs. His main attire is made up of a *giubbone* embellished with vertical seams on the front and sleeves, adherent to the arm, decorated with the application of *cordelline* (braided cords) and vertical stripes. Armholes are highlighted by roundish ridges or "bracelets". Short and puffy trousers are connected to the *giubbone,* made up of vertical strips from which part of the internal fabric emerges – also termed as "Sevilian-style" breeches. Essentially an extremely severe style where the *giubbone* jacket, the front bodice of which is very stiff and padded, seems like an offshoot of military armour (as can be observed in the figure of the knight to the side); it is encoded, even for that regarding adolescent attire[13], until the 1540s but employed until the first half of the seventeenth century.

The cardsharper in the background, namely the accomplice who is

7. Caravaggio, *La buona ventura,* 1594-95. Roma, Musei Capitolini

7. Caravaggio, *The fortune teller,* 1594-95. Rome, Musei Capitolini

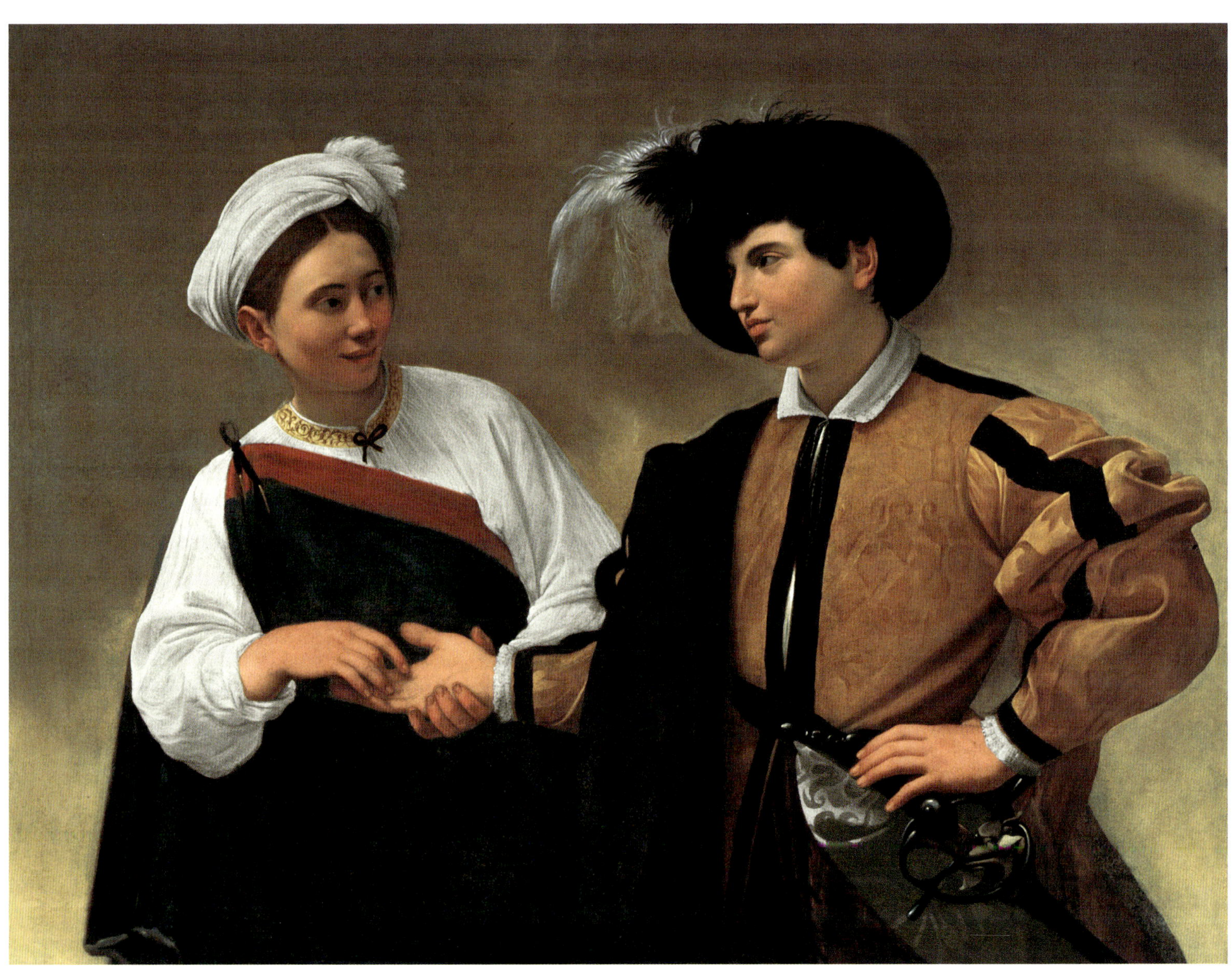

8. Caravaggio, *La buona ventura*, 1596-97. Parigi, Musée du Louvre

8. Caravaggio, *The fortune teller*, 1596-97. Paris, Musée du Louvre

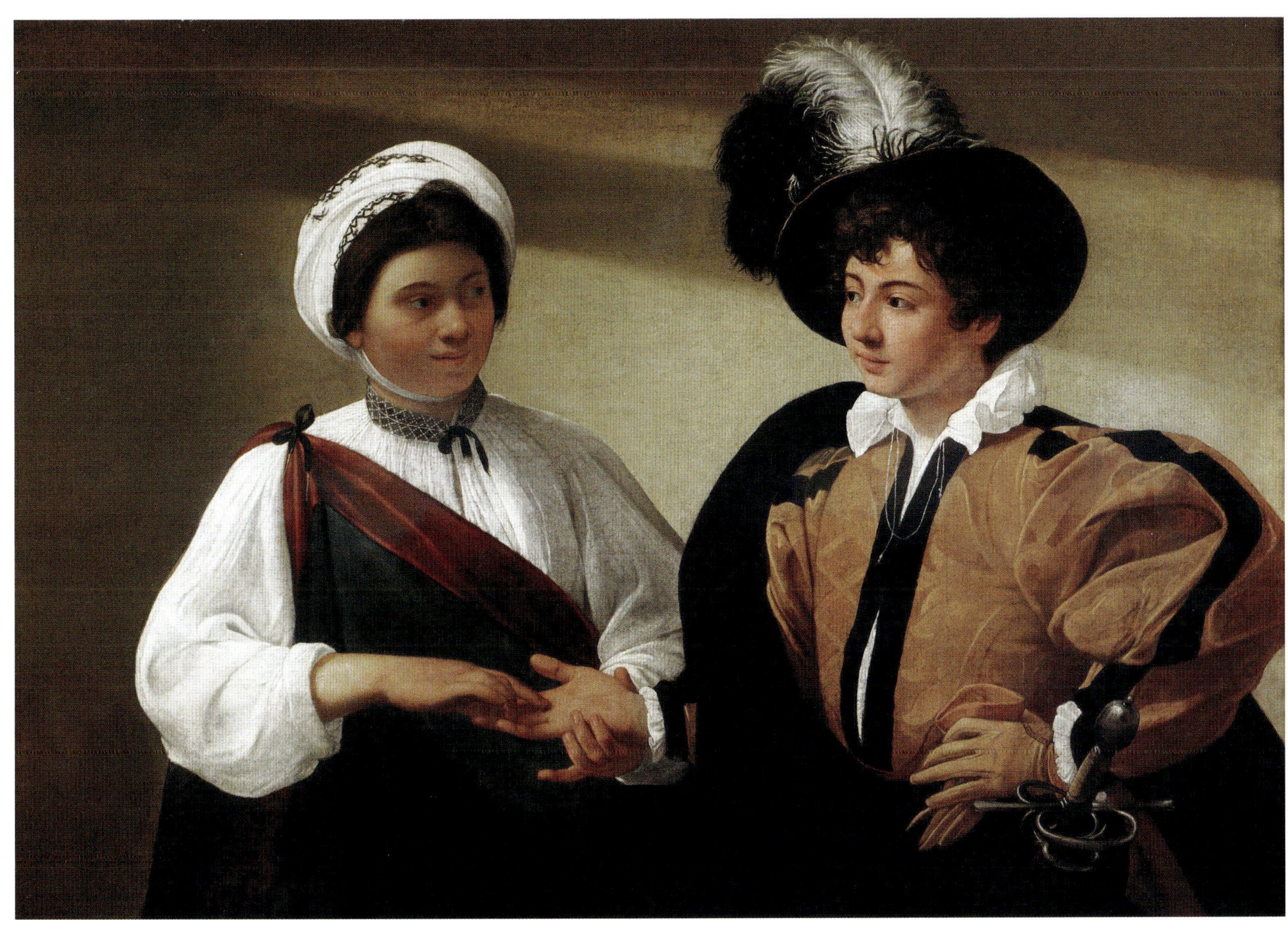

informing the younger swindler in profile about his opponent's cards, is distinguished by attire consisting of a white shirt, over which he wears a "giubbone" jacket made of fabric decorated with small flower motifs (see Fiori p. 36), while the sleeves are cut in a striped fabric with black contrasting on a yellow-ochre background. In particular, we can observe that the sleeves have been made using two pieces of fabric sewn together: in fact the seam, at shoulder level, follows the arm's profile so as to adapt itself to the curve of the arm itself, thus splitting up the symmetry of the striped fabric and creating a dark stripe that is narrower compared to the other one again corresponding to the seam. The second seam, which is hidden in the back, ends on the cuff with a modelled edging. He has a cloak draped

9. Esteban Jordán (?), Monumento sepolcrale, particolare. Londra, Cripta del Priorato della Chiesa di San Giovanni di Clerkenwell

9. Esteban Jordán (?), Sepulchral Monument, detail. London, crypt of the Priory of the church of St John, Clerkenwell

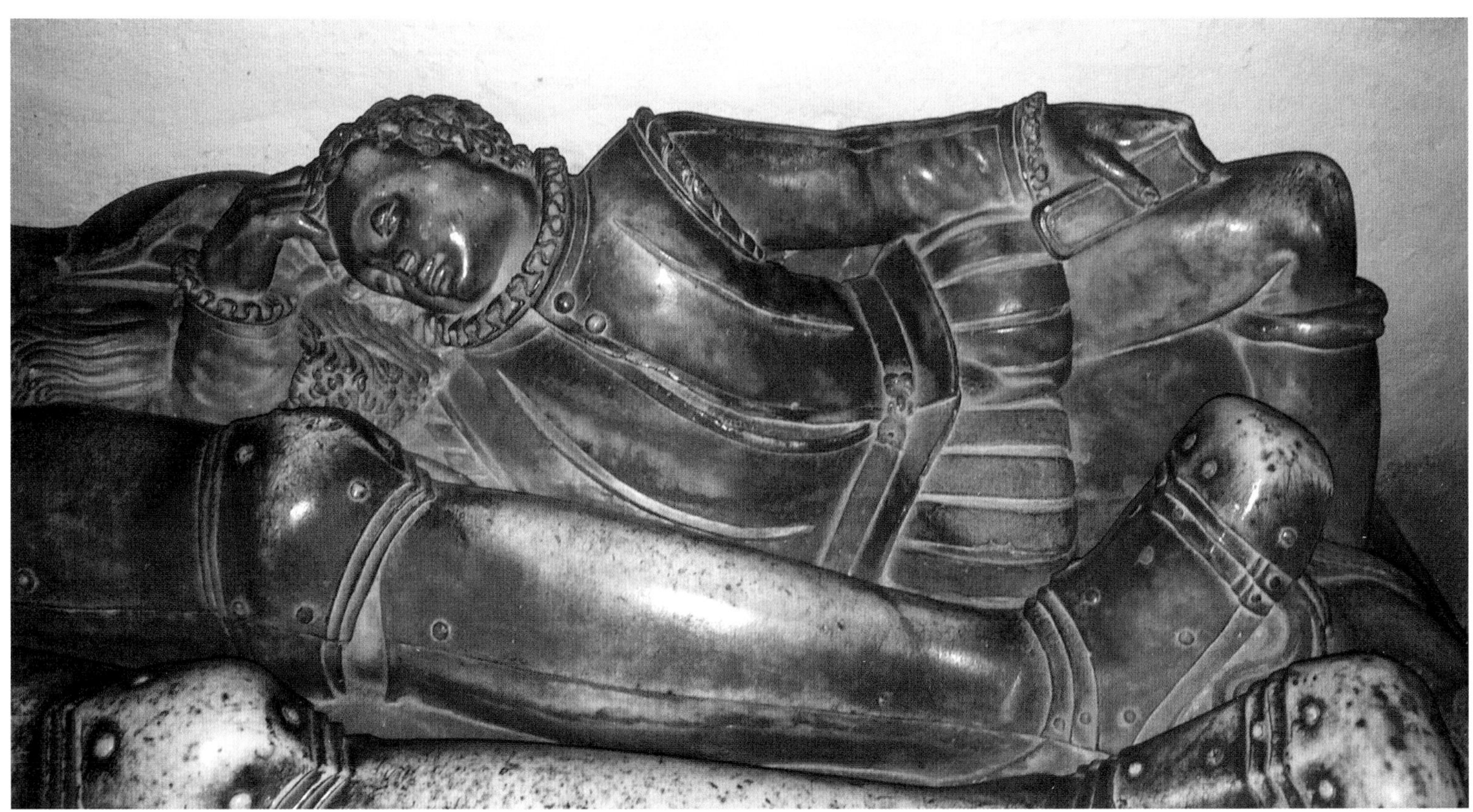

tagli verticali frontali e da maniche, aderenti al braccio, arricchite da applicazioni di cordelline e strisce verticali. Sulle spalle sottolineano il giro manica alette o "bracciali" rotondeggianti. Al giubbone sono collegati i calzoni corti e sbuffanti, costituiti da bande verticali da cui fuoriesce parte del tessuto interno, definite anche brache "alla sivigliana". In sostanza una foggia estremamente severa, dove il giubbone, irrigidito e imbottito nella parte anteriore, risulta una sorta di derivazione dall'armatura militare (come si può vedere nella figura del cavaliere a fianco) ed è codificata, anche per le vesti degli adolescenti[13], sino agli inizi degli anni quaranta del XVI secolo, ma utilizzata sino alla prima metà del XVII secolo.

Il baro sullo sfondo, il complice che indica le carte al più giovane furfante di spalle, è caratterizzato da un abbigliamento composto da una camicia bianca, sopra la quale è indossato un "giubbone" confezionato con un tessuto decorato da disegni minuti a motivi floreali (si veda Fiori p. 36) mentre le maniche sono tagliate con una stoffa rigata a contrasto nero su fondo giallo-ocra. In particolare possiamo apprendere che le maniche sono realizzate con due porzioni di stoffa cucita insieme: infatti, in corrispondenza della spalla, la cucitura, che per adattarsi alla curva del braccio ne segue il profilo, spezza la simmetria del tessuto rigato creando una banda scura di minor spessore rispetto alle altre, proprio in corrispondenza della giuntura. La seconda cucitura, nascosta e posteriore, finisce sul polsino con il bordo sagomato. Sulla spalla è appoggiato il mantello e sul capo è calzato un copricapo floscio decorato da una lunga piuma, forse di gazza ladra, che – simboli-

10. Caravaggio, *I bari*, particolare

10. Caravaggio, *The Cardsharps*, detail

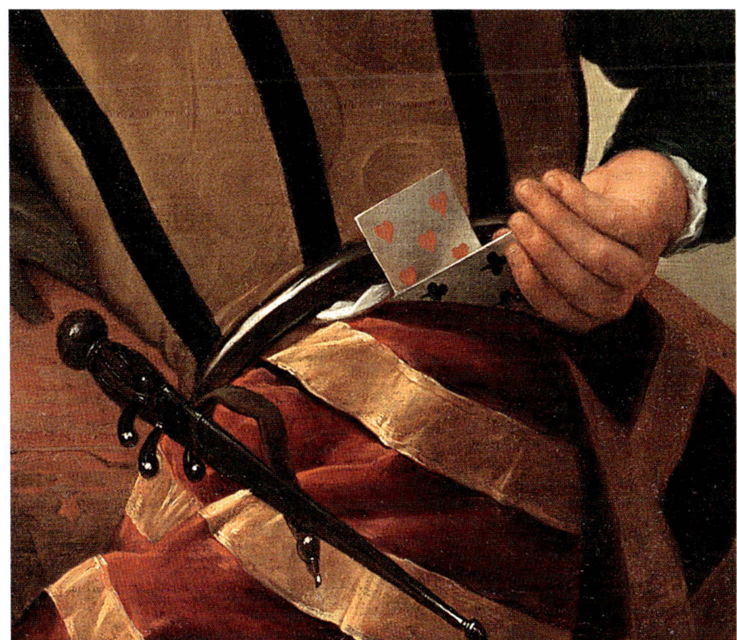

over his shoulder and dons a floppy hat decorated with a long feather (perhaps belonging to a magpie that, symbolically, might refer to the accomplice's role in the scene). The figure of the cardsharper, characterized by a slovenly and threadbare appearance that may be derived from his torn gloves and unbuttoned jacket with shirt showing through, can be connected to the iconography of the *Soldato disarmato* described by Cesare Vecellio in his treatise published in 1590: in the woodcut, Vecellio outlines the profile of a middle-aged man with a long handlebar moustache wearing a wide-brimmed hat decorated with feathers. His "giubbone" jacket, with a white shirt collar and cuffs peeping through, is closed by a long row of buttons and is made with "sforbiciate" (scissor-cut) sleeves whereas his knee-length trousers are enlivened with an ornate arabesque motif. The outfit is completed with a cloak, sword and dagger. The cardsharper with the more grotesque appearance, with his mouth curled up in a grimace reminiscent of *commedia dell'arte* and dilated pupils, is a sort of Pistol of Shakespearean essence: the boastful, braggart and arrogant soldier who perhaps spent his free time in taverns and the seediest parts of late-sixteenth century Rome, concludes and links the two figures in the scene. He gathers our attention as observers and distracts us with his gestures like a consummate thespian, while his young, shrewd and swift accomplice pulls the playing cards out of his breeches.

As already mentioned, the three characters wear the typical attire pertinent to certain social classes living in the second half of the sixteenth century – although one cannot observe the stiffness and padding (in addition to "duck breast" yokes) in the structure of their doublets that were so popular in male attire from that period. Caravaggio blatantly modelled the clothing on their bodies in an enveloping way: the young man in profile is wearing a tight jacket; his muscles and anatomy show through the curves of the fabric on his back. However, the older cardsharper is dishevelled and his shabby appearance is underlined by his open and unbottoned doublet, and his shirt showing through beccause of his bulging paunch.

Due to the connections with the clothes depicted in *The Cardsharps*, it is interesting to linger over the analysis of the two versions of *The Fortune Teller*: in the painting made for Cardinale del Monte, which is today housed in the Pinacoteca Capitolina in Rome (fig. 7), the young man's jacket seems to be an "evolution" of the doublet worn by the naïve young man in *The Cardsharps*. Bellori defines him as a "soldier" – confirming Pearce's hypothesis. He is wearing a damask ochre-coloured doublet, profiled in black stripes; a piece of his robe is folded outwards underneath the belt, revealing some damask with a light background decorated in an amphora-shaped pattern that is different from those used for the outer garment (which, instead, resembles the damask fabric with the large pine cone already present in *The Cardsharps*. Not a trivial detail as the "lining" is not made using poor fabric or plain canvas but, in this case, using precious damask that the young man seems to show off ostentatiously. The pointed collar apparently imitates the one in *The Cardsharps* and is embroidered with a Del Monte lily, whereas its wide ornate sleeves do not have a choke point on the arm, but have a bouffant shape that can be found in many contemporary engravings such as the one by H. Goltius depicting Balthasar Barhory de Someyo[14] (1583). Black strips sewn onto the doublet follow a pattern similar to that on the clothing of the young swindled man in *The Cardsharps*: one strip marks the

11. Caravaggio, *I bari*, particolare

11. Caravaggio, *The Cardsharps*, detail

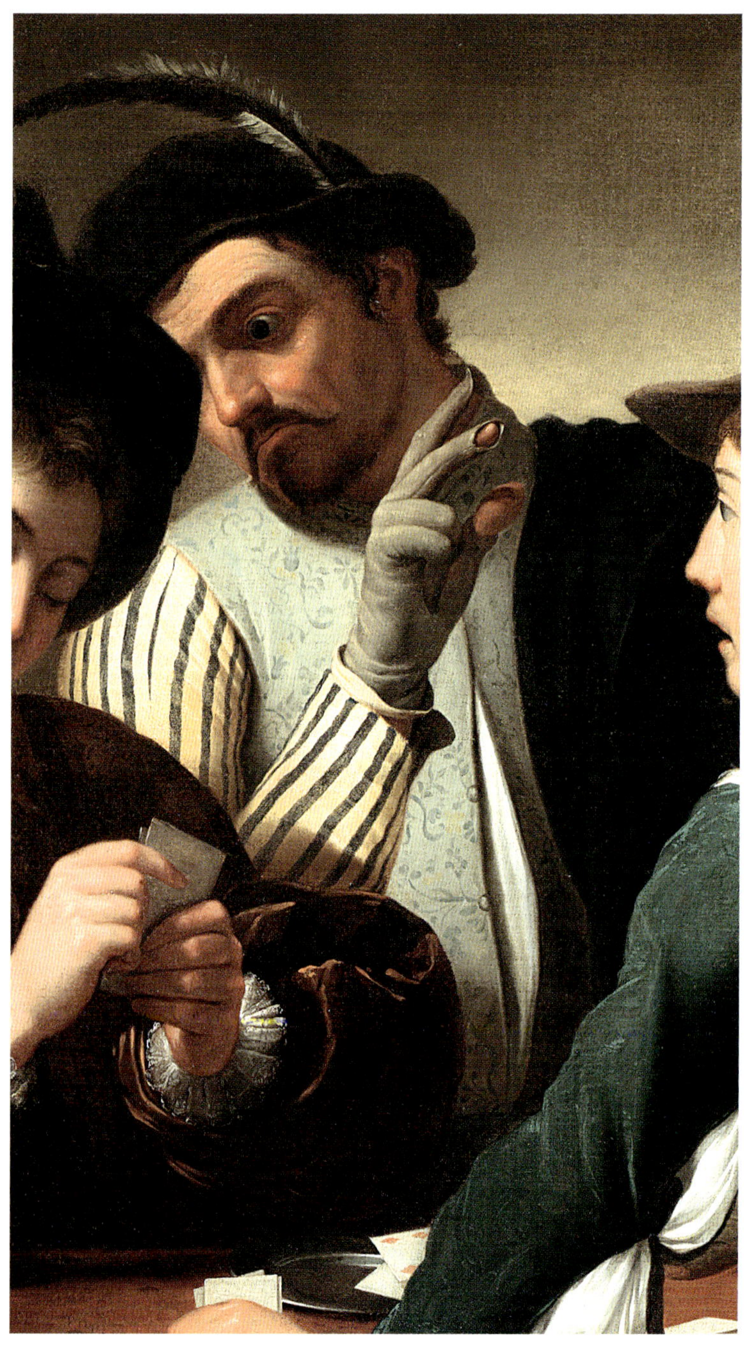

camente – potrebbe riferirsi al ruolo del complice nella scena. La figura del baro, caratterizzata da un aspetto trasandato e logoro, testimoniato dal guanto lacero e dalla giubba slacciata da cui si intravede la camicia, si ricollega all'iconografia del *Soldato disarmato* delineata da Cesare Vecellio nel suo trattato stampato nel 1590 (fig. 12): nella xilografia il Vecellio traccia il profilo di un uomo di mezza età con lunghi baffi ricurvi e un copricapo a larga tesa con piume. Il "giubbone", da cui fuoriescono il colletto e i polsini bianchi della camicia, è chiuso da una lunga fila di bottoni, ed è realizzato con maniche "sforbiciate" mentre le brache al ginocchio sono animate da un ricco motivo arabescato. Mantello, spada e daga completano il tutto. Il baro dall'aspetto più grottesco, dal volto animato dalla smorfia della bocca da commedia dell'arte e con l'occhio dilatato è una sorta di Pistol di shakespeariana memoria: il soldato vanaglorioso, fanfarone e spavaldo che, forse, nei momenti di pausa si ritrovava a frequentare le osterie e i bassifondi della Roma di fine Cinquecento, chiude e collega le due figure della scena, raccogliendo la nostra attenzione di osservatori e distraendoci con il suo gesticolare da teatrante consumato, mentre il giovane complice, scaltro e veloce, sfila le carte dalle brache.
I tre personaggi hanno, come già accennato, caratteri di vestiario tipici di alcune fasce sociali presenti della seconda metà del XVI secolo anche se non è percepibile, nella struttura dei farsetti, l'irrigidimento e l'imbottitura così come lo sprone a petto d'anatra così diffuso nel vestiario maschile. È evidente che Caravaggio modella le vesti sopra il corpo in modo avvolgente: il giubbone del giovane di spalle è attillato e scopre, nelle curve della schiena, le fasce lombari e l'anatomia del personaggio. Il baro anziano di contro è scomposto e in atteggiamento poco formale tanto da tenere il farsetto slacciato, sbottonato e il ventre prominente che fa intravedere la camicia.
È interessante, per i collegamenti con gli abiti presenti nei *Bari*, soffermarsi sull'analisi delle due versioni della *Buona ventura*: nel dipinto realizzato per il Cardinal del Monte, oggi conservato presso la Pinacoteca Capitolina a Roma (fig. 7), la veste del giovane sembra una "evoluzione" del farsetto dell'ingenuo dei *Bari*: il ragazzo è definito da Bellori come "militare", confermando l'intuizione della Pearce. Veste un farsetto in damasco ocra con profili a bande nere;

shoulders, while another one on the arm and sleeve is not applied in continuity with the strip sewn to the shoulder, but has been inserted just below the said mark; a detail that is perhaps owed to the fact that applying an overlapping strip on the armhole would have hindered free movement of the arm itself. This model of damask doublet with dark stripes can be found in other paintings, such as *The Calling of Saint Matthew* that hangs in the San Luigi dei Francesi Church in Rome (fig. 15). The young man illuminated in full light in this great painting, belonging to the Contarelli Chapel, wears a doublet similar to the model in *The Fortune Teller*: yellow-ochre damask with a pine cone pattern and applied red strips. Matthew the tax-collector and the young man with his back turned both don a doublet with a dark solid colour bodice and contrasting sleeves in red-ochre damask in Matthew's case, and black and white ones in the case of the second figure. It is interesting to note how the figure at the extreme left, namely the man bending over the table, wears a *giubbone* with applied sleeves similar to the young man with his back turned in *The Cardsharps*; with the sole difference that the applied red strips, perhaps indicating the torment and the uneasy restlessness of the figure, towards the end of the sleeve (at the cuff) seem to be coming off as if the stitches have come undone. The figure of the "gypsy" in *The Fortune Teller* faithfully reproduces the "models" of contemporary prints, such as the panel by Jean-Jacques Boissard (1528-1602) published in his "Habitus variarum orbis..." (1581), where he describes the image of the "Erratica vulgo Singara Orientalis". In the print, as in Caravaggio's painting, the woman is wearing a long gown in striped fabric, a sort of free-flowing blouse with its neckline decorated in embroidery that seemingly closes the collar with a fine string; while a cloak, that is fastened to the shoulder with a knot, crosses the bodice diagonally. In Caravaggio's painting, the gypsy is wearing attire very similar to that illustrated in Boissard's woodcut and in Vecellio's panel dated 1590 (fig. 12) where the gypsy is wearing the same type of cloak tied to one shoulder: "...usa camicie lavorate di seta e d'oro di diversi colori con molta bell'opera e lunghe fino ai piedi, le quali hanno le maniche larghe e lavorate con bellissimi ricami ...si lega un manto di panno sopra una spalla e se lo fa passare sotto l'altro braccio..."[15] (...she uses silk and gold blouses of different colours,

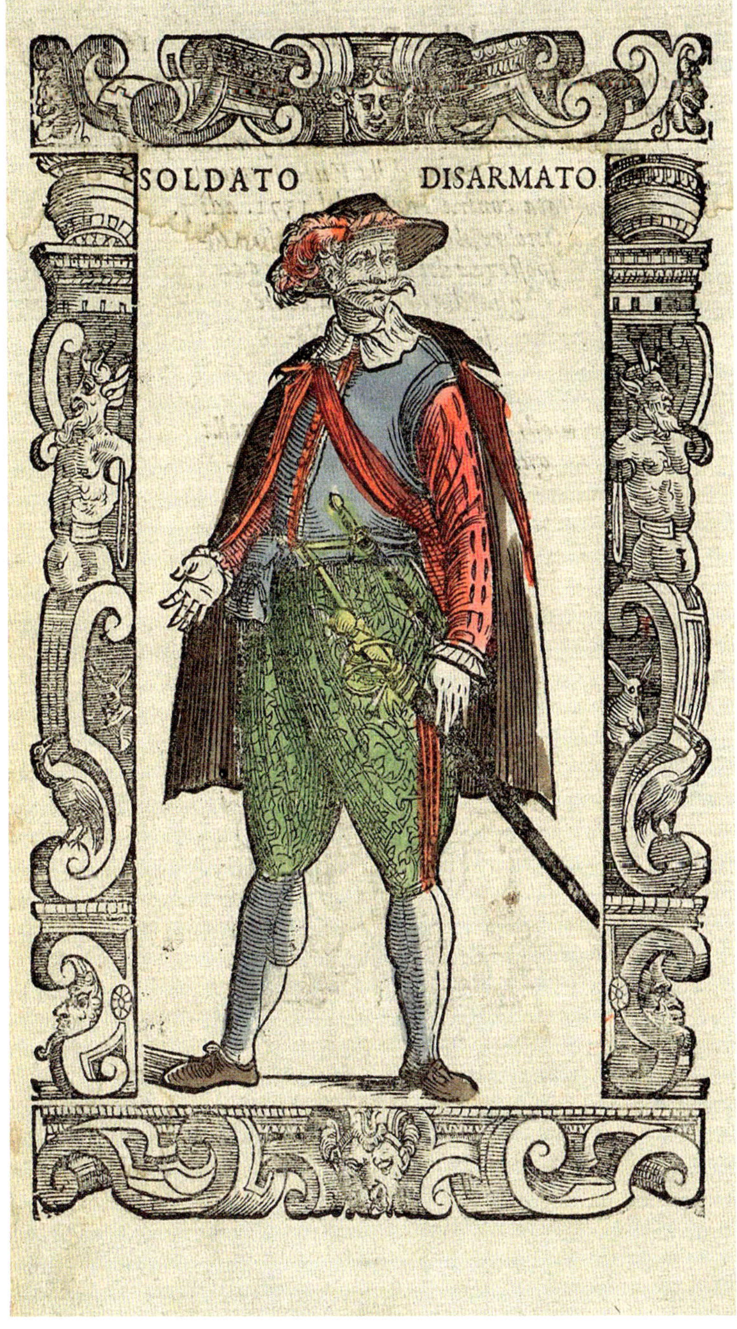

12. Cesare Vecellio, *Soldato disarmato*,1590, da *De gli habiti antichi, et moderni di diverse parti del mondo*. Collezione privata

12. Cesare Vecellio, *Soldato disarmato*,1590, from *De gli habiti antichi, et moderni di diverse parti del mondo*. Private collection

13. Caravaggio, *Maddalena penitente*, 1594-95. Roma, Galleria Doria Pampilj

13. Caravaggio, *Penitent Magdalene*, 1594-95. Rome, Galleria Doria Pampilj

14. Caravaggio, *Santa Caterina d'Alessandria*, c. 1599. Madrid Museo Thyssen-Bornemisza

14. Caravaggio, *St Catherine of Alexandria*, c. 1599. Madrid, Museo Thyssen-Bornemisza

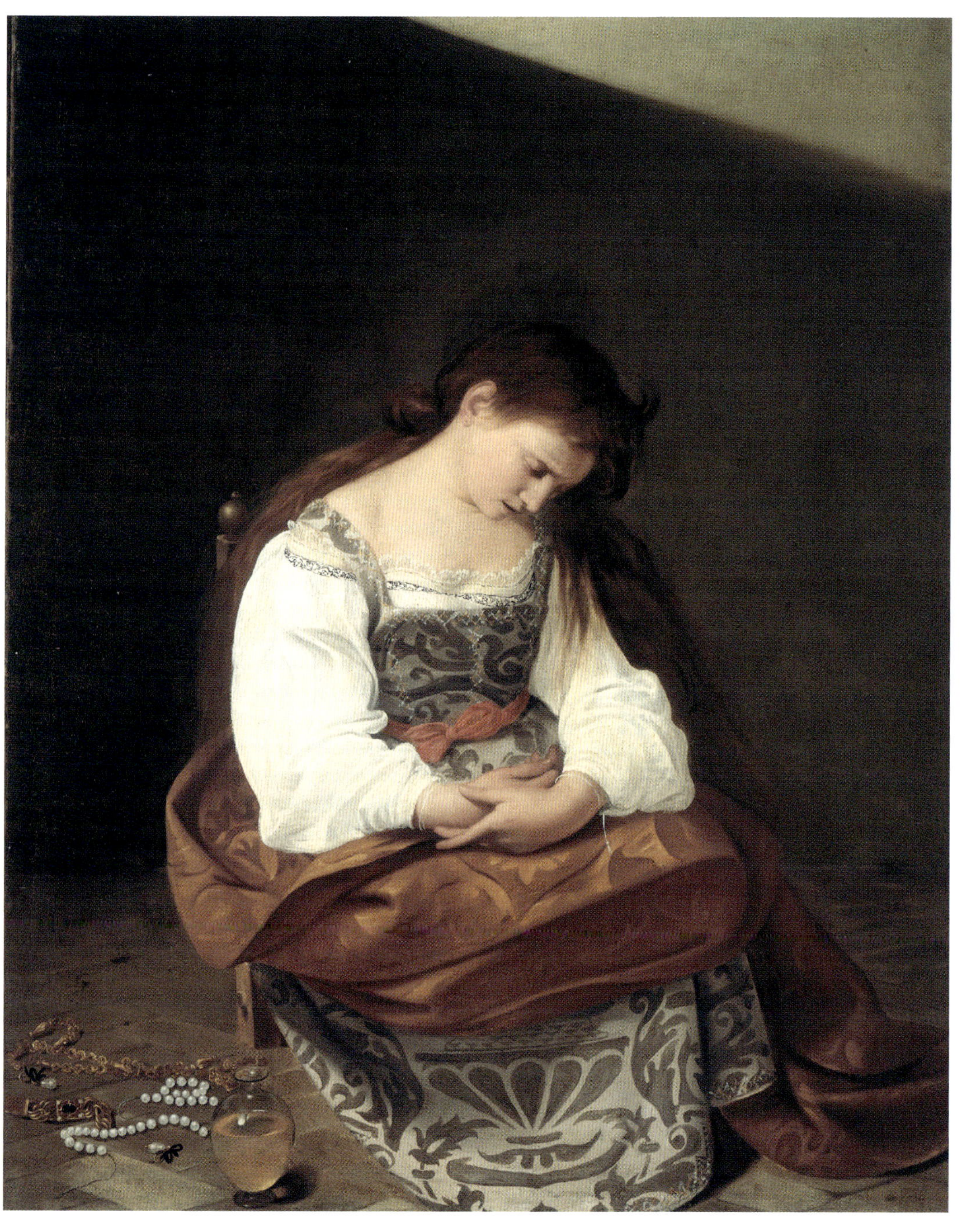

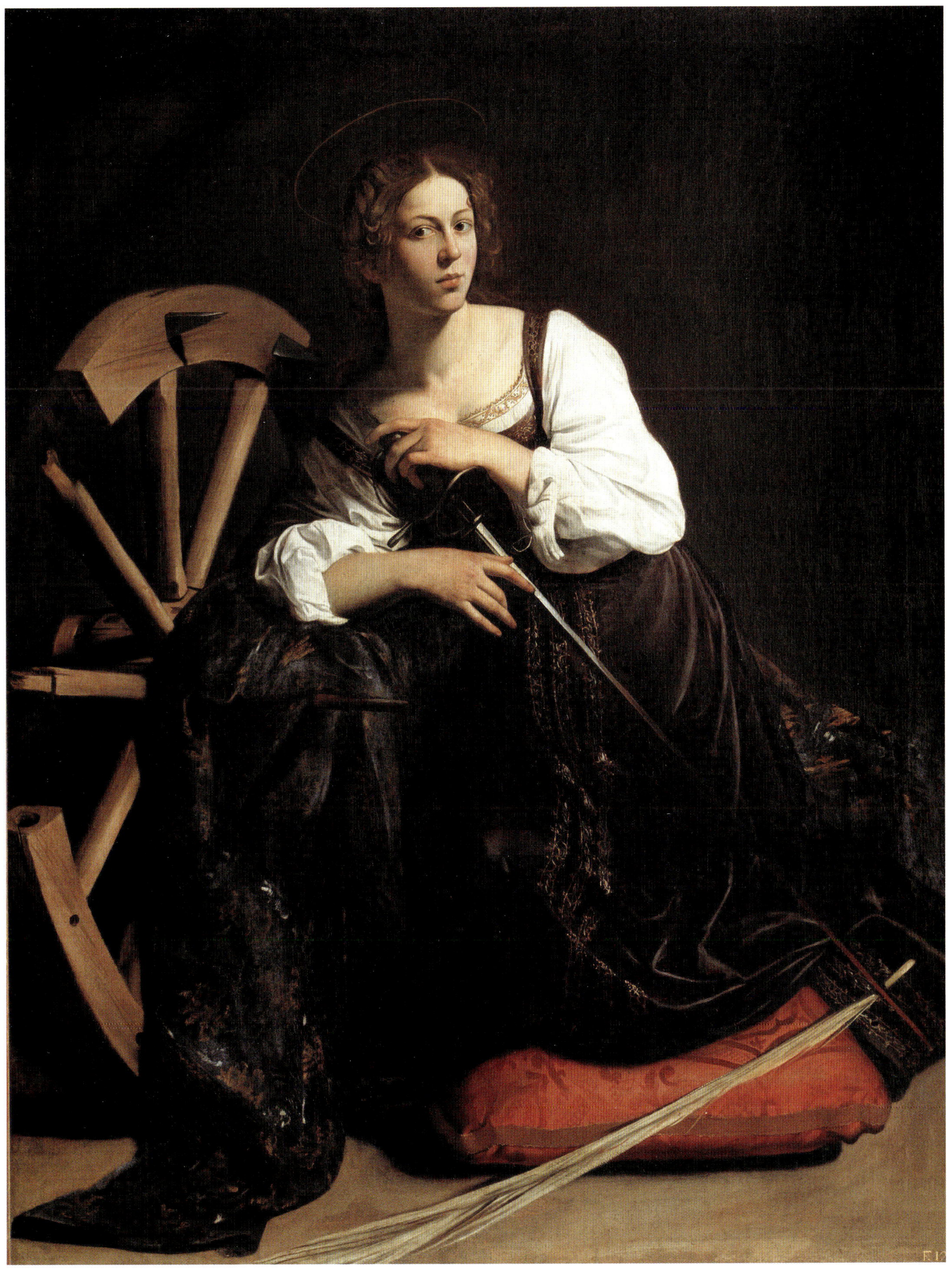

15. Caravaggio, *La vocazione di Matteo*,1599-1600. Roma, chiesa di San Luigi dei Francesi, Cappella Contarelli

15. Caravaggio, *The calling of St Matthew*, 1599-1600. Rome, church of San Luigi dei Francesi, Contarelli Chapel

sotto la cintura un lembo della veste è ripiegato all'esterno lasciando intravedere un damasco a fondo chiaro con motivi decorativi ad anfora, differente da quello utilizzato per l'esterno che invece riprende il damasco con la grande pigna già presente nei *Bari*. Dettaglio non banale in cui la "fodera" non è realizzata in materiale povero o in tela semplice ma, in questo caso, è in prezioso damasco che il giovane sembra mostrare con ostentazione. Il colletto a punta sembra ricalcare quello dei *Bari* e riporta ricamato il giglio del Monte mentre le maniche, ampie e ricche, non presentano più la strozzatura sul braccio ma hanno una forma sbuffata che ritroviamo in numerose incisioni coeve come quella di H. Goltius del 1583 che ritrae Balthasar Barhory de Someyo[14]. Le bande nere applicate al farsetto seguono lo schema simile al giovane ingannato dei *Bari*: una striscia segna le spalle, mentre sul braccio e sulla manica il nastro nero non è applicato in continuità con la lista applicata sulla spalla ma è inserito appena sotto tale segno; un dettaglio forse dovuto al fatto che l'applicazione di una striscia sovrapposta sul giro manica avrebbe impedito il movimento libero delle braccia. Ritroviamo il modello di farsetto in damasco listato di scuro in altre composizioni come la *Vocazione di Matteo* in San Luigi dei Francesi a Roma (fig. 15). Nella grande tela della Cappella Contarelli il giovane in piena luce indossa un farsetto che riprende il modello della *Buona ventura*: damasco giallo-ocra con motivi a pigna e liste applicate rosse. Il pubblicano Matteo e il ragazzo di spalle, indossano farsetto con busto scuro in tinta unita e maniche a contrasto in damasco rosso e ocra per Matteo e bianche e nere per la seconda figura. È interessante osservare come la figura all'estrema sinistra, china sul tavolo, indossa un giubbone con maniche applicate simili al ragazzo di spalle dei *Bari*, con la differenza che le liste applicate rosse, forse come per indicare il tormento e l'irrequietezza del disagio della figura, verso il termine del braccio sul polso si staccano dalla manica come se i punti avessero ceduto. La figura della "zingara" della *Buona ventura*, ricalca fedelmente i "modelli" delle stampe coeve come nella tavola di Jean-Jacques Boissard (1528-1602) pubblicata nel suo *Habitus variarum orbis...* del 1581 dove è delineata l'immagine della "Erratica vulgo Singara Orientalis". Nella stampa, come nel dipinto di Caravaggio, la donna indossa una lunga veste in tessuto rigato, una sorta di camicia lasciata libera con scollatura decorata da ricami che sembrano chiusi al collo da un esile cordino, mentre un manto, fermato da un nodo sulla spalla, attraversa in diagonale il busto. Nel dipinto di Caravaggio la zingara ricalca lo schema dell'abito illustrato dall'incisione di Boissard come pure quello nella tavola di Vecellio del 1590 dove la zingara ripropone lo stesso tipo di manto legato su una spalla: "...usa camicie lavorate di seta e d'oro di diversi colori con molta bell'opera e lunghe fino ai piedi, le quali hanno le maniche larghe e lavorate con bellissimi ricami ...si lega un manto di panno sopra una spalla e se lo fa passare sotto l'altro braccio..."[15]. E Bellori riguardo al dipinto: "E per dare autorità alle sue parole, chiamò una Zingara[16], che passava à caso per istrada, e condottala all'albergo, la ritrasse in atto di predire l'avventure, cornea sogliono quelle donne di razza Egittiana: Fecevi un giovine, il quale posa la mano col guanto sù la spada, e porge l'altra scoperta à costei, che la tiene, e la riguarda; & in quelle due mezze figure traduce Michele fi puramente il vero che venne à confermare i suoi detti."

Il mondo come chiuso in una stanza che Caravaggio, in un certo senso, gestisce e "costruisce" ad arte è anche segnato dal ripetersi di motivi decorativi e vesti che ritornano sovente nelle varie composizioni. Pare infatti che questo mondo claustrofobico ritorni anche per il continuo reiterarsi di stilemi e dettagli presenti in diverse composizioni: nella prima versione della *Buona ventura* abbiamo accennato al lembo di tessuto in damasco che riveste l'interno del farsetto e che il giovane quasi ostenta. Il motivo decorativo caratterizzato dalla grande anfora è il medesimo che, di lì a poco, intorno al 1595, Caravaggio utilizzerà per la "sottana" della Maddalena Penitente in collezione Doria Pamphilj (fig. 13). Dice Bellori: "Dipinse una fanciulla a sedere sopra una seggiola con le mani in seno, in atto di asciugarsi i capelli, la ritrasse in una camera, e aggiungendovi in terra un vasello d'unguenti con monili e gemme la finse per Maddalena. Posa alquanto da un lato la faccia e s'imprime la guancia, il collo e l petto in una tinta pura, facile, e vera, accompagnata dalla semplicità di tutta la figura, con le braccia in camicia, e la veste gialla ritirata alle ginocchia dalla sottana bianca di damasco fiorato. Questa figura habbiamo descritto particolarmente per indicare li suoi modi naturali, e l'i-

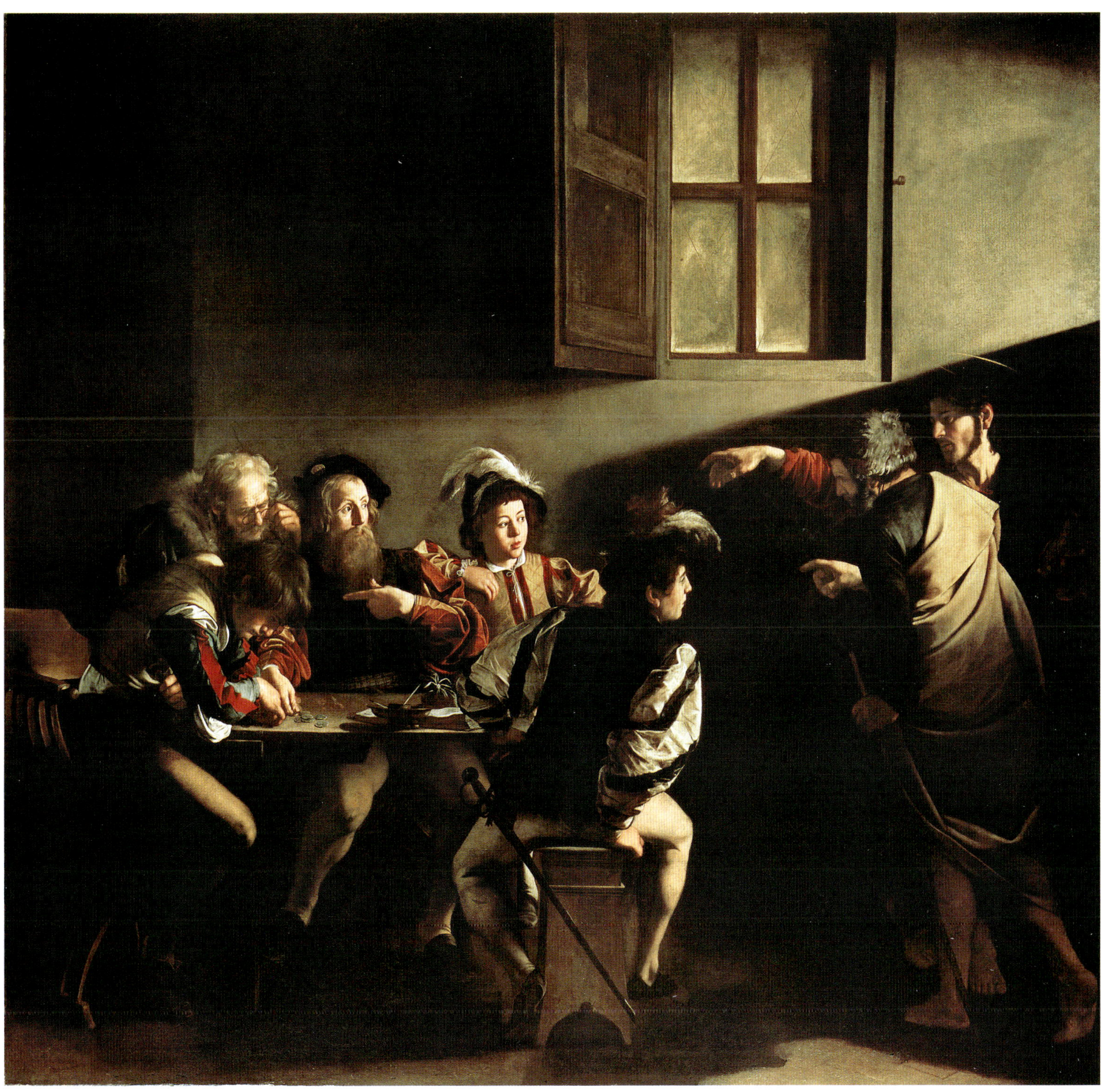

the result of fine craftsmanship and with a length going down to her feet, with wide sleeves and beautifully embroidered… she ties a cloth cloak over one shoulder and passes it under her other arm…). And Bellori's views regarding the painting: "And to give authority to his words, he called a Gypsy[16] who happened to pass by in the street and, taking her to his lodgings, he portrayed her in the act of predicting the future, as is the custom of these Egyptian women. He painted a young man who places his gloved hand on his sword and offers the other hand bare to her, which she holds and examines; and in these two half-figures Michele captured the truth so purely as to confirm his beliefs."

The world seemingly entrapped in a room that Caravaggio, in a certain sense, skilfully managed and "built" is also marked by repeated decorative motifs and attire that often crop up in his various works. In fact, it seems that this claustrophobic world also returned in a continuous repetition of styles and details present in different compositions: in the first version of *The Fortune Teller*, we have hinted at a strip of damask fabric lining the inside of the doublet that the

mitatione in poche tinte fino alla verità del colore". La Maddalena, assisa sulla piccola sedia impagliata, indossa una camicia bianca dalle ampie maniche con la scollatura generosa decorata da un doppio bordo ricamato a motivi vegetali concatenati con filo nero che termina con un pizzo al tombolo modellato da una serie di archetti campiti a rete romboidale (camicia lunga sino ai piedi che vediamo, appena accennata, fuoriuscire dalla sottana in basso a destra). La veste principale, come suggerisce Bellori, è una "sottana": un abito senza maniche (a volte con maniche collegate al busto attraverso lacci), che si indossava sotto a quelli più importanti e che rimaneva in vista soltanto dalle aperture anteriori della gonna. Questo capo, tra gli anni quaranta e sessanta del Cinquecento, assume un aspetto di abito "autonomo"[17] soprattutto tra gli strati del popolo che, per comodità, utilizzavano tale veste liberi dalle costrizioni dettate dalla moda spagnola che imponeva rigide strutture che impedivano il naturale movimento del corpo[18]. Caravaggio arricchisce la veste ricamando sul corpetto, sulle spalle e sull'orlo inferiore, un motivo incrociato in filo alternato argento e oro, mentre segna la vita con una cintura, chiusa da un fiocco, in rosso porpora; Questo capo di abbigliamento, così comune e diffuso nel XVI secolo come testimoniato dai numerosi riferimenti iconografici coevi[19], si collega direttamente con la veste scamiciata recentemente ritrovata a Oleggio (Novara)[20], durante il restauro del 2007, celata sotto il simulacro della Madonna del Rosario, e oggi conservata presso il Museo d'arte Sacra P.A. Mozzetti di Oleggio. Il piccolo scamiciato in damasco di seta blu databile alla fine del XVI secolo (si veda Fiori pp. 40-41) è una delle testimonianze più preziose e intatte di una foggia del tutto simile alle sottane che ritroviamo sia nella Maddalena Doria Pamphilj sia nella Santa Caterina già collezione Del Monte (fig. 14) o in altre composizioni di Merisi[21]. Seppur confezionata per essere utilizzata su di un simulacro ligneo la veste resta, per il taglio della gonna scampanata e per la scollatura fatta per essere completata da una camicia, il segno di una tradizione diffusa su tutto il territorio italiano e la testimonianza della fortuna di tale capo di abbigliamento. Caravaggio non fece altro che "registrare" con meticolosa attenzione un mondo che si muoveva e palpitava intorno a sé, un mondo che forse, chiuso in un baule, portava nei suoi spostamenti e nella sua eterna fuga, sempre a disposizione per essere ricomposto davanti al cavalletto mentre, come Roberto Longhi scrisse su di lui: "Il dirompersi delle tenebre rilevava l'accaduto e nient'altro che l'accaduto; donde la sua inesorabile naturalezza e la sua inevitabile varietà, la sua incapacità di 'scelta'. Uomini, oggetti, paesi, ogni cosa sullo stesso piano di costume, non in una scala gerarchica di degnità...[22]".

young man practically flaunts. The decorative motif characterized by the great amphora is the same as the one that Caravaggio would have soon employed (around the year 1595) for the "petticoat" of his *Penitent Magdalene* belonging to the Doria Pamphilj collection (fig. 13). In Bellori's words: "He painted a young girl seated on a chair with her hands in her lap in the act of drying her hair; he portrayed her in a room with a small ointment vessel, jewels, and gems placed on the floor; thus he would have us believe that she is the Magdalene. She holds her face a little to one side, and her cheek, neck, and breast are rendered in pure, facile, and true tones, which are enhanced by the simplicity of the whole composition. She wears a blouse, and her yellow dress is drawn up to her knees over the white underskirt of flowered damask. We have described this figure in particular in order to characterize his naturalistic method and the way in which he imitates real colour using only a few tints". Mary Magdalene, seated on a small wicker chair, wears a white blouse with wide sleeves and a deep neckline decorated by a double hem embroidered in black thread with interlinking floral motifs, ending with bobbin lace modelled by a series of shell-shaped mesh arches (the blouse goes down to her feet and can be seen, just barely, emerging from her petticoat at the lower right). Her main gown, as suggested by Bellori, is a "petticoat": a sleeveless dress (sometimes having sleeves connected to the bodice with laces), was worn under more important garments and could only be seen through the front openings of the skirt. This garment, dating back to the 1540s and 1560s, assumes the aspect of "autonomous"[17] clothing especially for the social classes who used the said gowns (out of convenience) as they were free from constraints dictated by Spanish fashion that imposed a sort of stiffness that hindered natural movements of the body[18]. Caravaggio enriched the gown by embroidering its bodice, shoulders and lower hem with a criss-cross motif alternating in silver and gold thread, while the waist is cinched by a purplish red belt that ends with a bow. This article of clothing, so common and widespread during the sixteenth century as testified by many contemporary iconographic references[19], can be directly linked to the sleeveless gown recently discovered in Oleggio (Novara)[20] during 2007 restoration works, concealed under the simulacrum of the Madonna del Rosario and presently preserved on the premises of the P.A. Mozzetti Museum of Sacred Art in Oleggio. The small sleeveless gown in blue silk damask, which may be dated to the close of the sixteenth century (see F. Fiori pp. 40-41), is one of the most precious and undamaged items of attire very similar to the petticoats found both in the Magdalene Doria Pamphilj and in Saint Catherine already belonging to the Del Monte collection (fig. 14) or in other works by Merisi[21]. While the gown was made to be used on a wooden simulacrum, it remains (for the cut of the flared skirt and the neckline of the dress were made to be worn with a blouse) the mark of a widespread tradition over the entire Italian territory and the proof of the popularity of this item of clothing. All Caravaggio did was "record" with painstaking care a world that moved and throbbed all around him; a world that he perhaps brought along with him in a trunk during his travels and his perpetual flight; one that was always available to be recomposed in front of the easel while, as Roberto Longhi wrote about him: "Il dirompersi delle tenebre rilevava l'accaduto e nient'altro che l'accaduto; donde la sua inesorabile naturalezza e la sua inevitabile varietà, la sua incapacità di "scelta". Uomini, oggetti, paesi, ogni cosa sullo stesso piano di costume, non in una scala gerarchica di degnità...[22]" (The outburst of darkness illustrated the incident and nothing other than the incident; hence its inexorable naturalness and its inevitable diversity, his inability of "choice". Men, objects, towns, all on the same level of costume, not in a hierarchical scale of worthiness).

Desidero dedicare questo saggio ai miei cari amici Lady Caroline Borg e don Carlo Scaciga.

[1] Cfr. Pearce 1953, pp. 147-154.
[2] Per un quadro della diffusione attraverso i testi a stampa del XVI secolo della moda si veda Beccarini 2014, pp. 79-91.
[3] Il dipinto è studiato nel volume *Caravaggio. I "Bari" della collezione Mahon*, a cura di Daniele Benati e Antonio Paolucci, Cinisello Balsamo 2008.
[4] Cfr. Bellori 1672, p. 204.
[5] È interessante come in un inventario seicentesco dell'ambasciatore Don Gasparo de Haro et Guzman si definisca il "colore oscuro" come "rossaccio", lo stesso colore utilizzato nel dipinto di Caravaggio: cfr. *Collections of paintings in Madrid 1601-1755*, a cura di Marcus B. Burke e Peter Cherry, p. 735, Inventario 108: "Un quadro che rappresenta un Ritratto non finito con colaro bianco, et habito oscuro di colore rossaccio di mano di Simone da Pesaro di palmi 2 et 1/12 in circa con suoi regoletti intorno stimato in 6".
[6] Cfr. Bassani, Bellini 1993, p. 72.
[7] Cfr. Bazzani 1993, pp. 59-64; R. Orsi Landini 1999, pp. 57-60.
[8] Cfr. *Catalogo di stampe, disegni, dipinti antichi e del secolo 19. ... che saranno venduti ... a Palazzo Capponi*, Firenze: martedì 14 dicembre 1982.
[9] Cfr. Benati, Paolucci 2008, p. 32.
[10] Cfr. Ericani, Ballarin 2010, p. 42.
[11] Cfr. Bazzani 1993, p. 57. Per un quadro generale della moda spagnola nel XVI secolo si veda Garcia Serrano 2015.
[12] Trusted 1987, 351-359, p. 351.
[13] Nell'autoritratto del pittore fiammingo Jacob Willemsz e della sua famiglia, conservato presso il Rijksmuseum di Amsterdam, il ragazzo in primo piano indossa un giubbone con imbottitura evidente sullo sprone del petto, che risulta oltremodo arcuato e sporgente.
[14] Si veda Schulting 1991, vol. 42, n. 1, pp. 455-480.
[15] Vecellio 1590, p. 473.
[16] L'iconografia della zingara all'interno della produzione di genere del XVI e XVII secolo ebbe notevole successo tra i pittori caravaggeschi: sia riprendendo il tema della buona ventura sia in altre composizioni ambientate in taverne e interni. Si ricordano le versioni di Simon Vouet conservata presso la National Gallery of Canada di Ottawa e presso la Galleria Nazionale d'Arte Antica a Roma; di Bartolomeo Manfredi, *La buona ventura*, 1616, Institute of Arts, Detroit; di Georges de la Tour, *Buona ventura*, New York, Metropolitan Museum; di Nicolas Régnier, *La buona ventura*, Parigi, Louvre; di Gerrit van Honthorst, *Buona ventura*, 1616-1617, Firenze, Galleria degli Uffizi; di Nicolas Régnier, *I bari e la buona ventura*, 1623-26, Szépmûvészeti Múzeum, Budapest. Tutte accomunate dall'immagine della zingara in attitudini simili alle versioni di Merisi.
[17] Cfr. Orsi Landini 2005, pp. 77-93.
[18] Per un quadro sull'influenza della moda spagnola in Italia, in area settentrionale, si veda Fiori, Gonzales, Novara 2009.
[19] Si vedano i riferimenti iconografici coevi tra i quali: Jacopo Chimenti detto da Empoli, *Toletta di Susanna*, Kunsthistorishes Museum, Vienna; Jacopo Bassano, *Cristo nella casa di Maria, Marta e Lazzaro*, 1577, Museum of Fine Art, Huston.
[20] Cfr. Bovenzi 2013, pp. 215-220.
[21] Vesti scamiciate, sottane più o meno ricche di tessuto le ritroviamo nell'abito della *Madonna dei palafrenieri* della Galleria Borghese di Roma e nella devota di spalle nella pala della *Madonna del Rosario* oggi al Kunsthistorisches Museum di Vienna.
[22] Longhi 1928-1929.

I would like to dedicate my essay to my dear friends Lady Caroline Borg and don Carlo Scaciga.

[1] See Mary Pearce 1953, pp. 147–154
[2] For an overview of the dissemination of fashion through printed texts published in the sixteenth century, see Beccarini 2014, pp. 79–91.
[3] The painting has been analyzed in the volume: *Caravaggio. I "Bari" della collezione Mahon*. By Daniele Benati and Antonio Paolucci, Cinisello Balsamo 2008.
[4] See Bellori 1672 p. 204.
[5] It is interesting to note how a seventeenth century inventory for Ambassador Don Gasparo de Haro et Guzman defined the "colore oscuro" (dark colour) as "rossaccio" (reddish), namely the same colour used in Caravaggio's painting: see *Collections of paintings in Madrid 1601–1755*, by Marcus B. Burke and Peter Cherry, p. 735: Inventory "108. Un quadro che rappresenta un Ritratto non finito con colaro bianco, et habito oscuro di colore rossaccio di mano di Simone da Pesaro di palmi 2 et 1/12 in circa con suoi regoletti intorno stimato in 6" (108. Painting illustrating an unfinished portrait with white collar and dark clothes of a reddish colour, by hand of Simone da Pesaro measuring about two and a half spans, with its surrounding *regoletti* of about 6").
[6] See Bassani, Bellini 1993, p. 72.
[7] See Bazzani 1993, pp. 59-64; Orsi Landini 1999, pp. 57–60.
[8] See *Catalogo di stampe, disegni, dipinti antichi e del secolo 19. ... che saranno venduti ... a Palazzo Capponi*, Florence: Tuesday, 14 December 1982.
[9] See Benati, Paolucci 2008, p. 32.
[10] See Ericani, Ballarin 2010, p. 42.
[11] Cfr. Bazzani 1993, p. 57. For an overview of Spanish fashion during the sixteenth century, see Garcia Serrano 2015.
[12] Trusted 1987: 351-359, p. 351.
[13] In the self-portrait of Flemish artist Jacob Willemsz and his family, housed in the Rijksmuseum in Amsterdam, the young man in the forefront wears a jacket with evident padding on the front bodice, which appears to be exceedingly arched and protruding.
[14] See Schulting 1991, Vol. 42, Issue 1, pp. 455–480.
[15] Vecellio 1590, p. 473.
[16] This iconography of the gypsy within productions of the genre from the sixteenth and seventeenth centuries was particularly popular with Caravaggesque painters: both in the subject of *The Fortune Teller* and also in other works set in taverns and interiors. Such as the versions by Simon Vouet preserved on the premises of the National Gallery of Canada in Ottawa and the National Ancient Art Gallery in Rome; Bartolomeo Manfredi's *Fortune Teller*, 1616, Institute of Arts, Detroit; Georges de la Tour's "The Fortune Teller", New York, Metropolitan Museum; *The Fortune Teller* by Nicolas Régnier, Paris, Louvre; Gerrit van Honthorst's *The Fortune Teller*, 1616-1617, Florence, Uffizi Gallery; Nicolas Régnier's "Cardsharps" and *The Fortune Teller*, 1623–26, Szépmûvészeti Múzeum, Budapest. They all have the image of a gypsy in common, with poses similar to the versions by Merisi.
[17] See Orsi Landini 2005, pp. 77–93.
[18] For an overview regarding the influence of Spanish fashion in northern Italy, see: Fiori, and Gonzales 2009.
[19] See the iconographic references contemporary Among Which: Jacopo Chimenti da Empoli, *Toilette of Susanna*, Kunsthistorisches Museum, Vienna; Jacopo Bassano, *Christ in the home of Mary, Martha and Lazarus*, 1577, Museum of Fine Arts, Houston.
[20] See Bovenzi 2013, pp. 215-220.
[21] Sleeveless gowns, petticoats more or less rich in fabric can be found in the dress of the *Madonna and Child with St. Anne (dei Palafrenieri)* housed in the Borghese Gallery in Rome and in the pious woman with her back turned in the painting entitled *Madonna of the Rosary* that is presently preserved in the Kunsthistorisches Museum in Vienna.
[22] Longhi 1928–1929.

DAMASCHI, LAMPASSI E VELLUTI NEI *BARI* DI CARAVAGGIO

FLAVIA FIORI

L'attenzione di Caravaggio alla raffigurazione della realtà si rivela nei particolari di ogni sua opera. La relazione che intercorre fra le rappresentazioni pittoriche delle stoffe e i manufatti originali offre elementi di valutazione storico artistica non solo agli storici d'arte figurativa, ma anche a coloro che operano nel campo dello studio dei tessili e dell'abbigliamento.
Nei *Bari* l'attenzione per la luce, la posizione dei personaggi raffigurati, l'espressione dei loro volti, insieme all'attenzione per il loro abbigliamento (si veda Gonzales in questa pubblicazione) tutti questi elementi concorrono a sottolineare il ruolo di ogni personaggio.
L'abbigliamento di ogni persona raffigurata riflette e comunica immediatamente il ruolo di ognuno e molti sono i dati da filtrare attraverso la cultura degli ambienti e la moda del tempo. Il pittore è preciso e abile nel definire il materiale, la seta, mentre non sempre è facile leggere e capire il tipo di tecnica tessitoria del tessuto raffigurato. Caravaggio applica ai personaggi del dipinto gli stessi criteri scelti per la ritrattistica ufficiale delle famiglie regnanti nel definire lo status sociale del personaggio.
La realizzazione del dipinto *I bari* è circoscritta dalla critica al 1595, periodo in cui Caravaggio, superata la formazione lombarda e il soggiorno veneziano, si trasferisce a Roma.

Decoro a spianzi

La berretta piumata sfiorita, i guanti consunti, la camicia rigata raccontano molto della condizione sociale, della figura posta al centro del dipinto, quella del baro (fig. 1).
Nel dipinto il decoro dell'indumento tardorinascimentale è definito da un rametto con motivo tipo frutto di melagrana, elementi vegetali e con foglia quasi a "S" diffusa sia nelle decorazioni orientali sia nei tessuti europei e nei tappeti persiani. Un tappeto persiano di lana a nodi, è raffigurato nel dipinto posto sopra il tavolo da gioco di legno e riporta una foglia a "S".
L'effetto di disegno a esili rametti arcuati con fiori e foglie con ricciolo finale al posto delle radici, definiti a Venezia "spianzi"[1], è disposto sul tessuto in teorie orizzontali sfalsate in modo tale da definire una composizione a scacchiera che sembra precedere nel tempo, quello più diffuso a mazze. L'espressione *spianzi*, di derivazione veneta, indica la pianta sradicata, come è riprodotta nelle incisioni dei florilegi cinquecenteschi che permettevano di riprodurre graficamente e pittoricamente il genere vegetale senza averne una conoscenza diretta.
L'esilità dei rametti raffigurati potrebbe suggerire l'impiego del velluto o del raso *liserè*.
Un motivo decorativo simile a quello dell'indumento del baro è riconoscibile nei decori di molti tessuti dell'ultimo quarto del Cinquecento, in particolare nel damasco di seta azzurro della veste-scamiciato della *Madonna del Rosario* del Museo d'Arte religiosa di Oleggio, documentata nel 1595. All'esile rametto con motivo a pigna e infiorescenza si alterna la foglia a "S", di derivazione orientale; i due motivi si compongono a scacchiera e fanno da legame con numerose varianti di decorazioni tessili coeve. La veste-scamiciato (figg. 2-2a, 3), pur giunta a noi con qualche modifica rispetto alla confezione originale, fungeva da sottoveste al simulacro della *Madonna del Rosario* della omonima confraternita ora con un ricco abito settecentesco di seta ricamata. Il restauro del simulacro ligneo cinquecentesco e dell'abito ricamato settecentesco, avvenuto nel 2008 a cura della Soprintendenza per i Beni Artistici e Storici del Piemonte e del Laboratorio Restauro tessili antichi dell'abbazia benedettina Mater Ecclesiae di Orta San Giulio, ha permesso il recupero di questo indumento, forse il primo indossato dal simulacro, ascrivibile al terzo quarto del Cinquecento[2].
Il damasco azzurro oleggese, documentato nel 1595[3], dovrebbe provenire da una manifattura milanese, sia per il decoro sia per la qualità della seta, e per la costante dipendenza culturale del borgo oleggese dal capoluogo del ducato lombardo, di cui faceva parte Oleggio.
La foglia a "S" alternata a un motivo a "spianzi" con elementi fogliacei, pigna e melograno, elementi di profondo significato simbolico, troverà un fortunato sviluppo per tutto il Seicento con versione nel motivo molto diffuso, detto "a mazze" e nella

DAMASKS, VELVETS AND LAMPAS FABRICS IN *THE CARDSHARPS* BY CARAVAGGIO

FLAVIA FIORI

The care Caravaggio paid towards portraying reality is revealed in every detail of all his works. The relationship between painted illustrations of original fabrics and artefacts offers elements for artistic historical assessment, not only for figurative art historians but also for those working in the field of textile and clothing studies.

His attention towards light, the position of the characters depicted, their expressions, together with the care in illustrating their attire (see F. Gonzales in this volume, with reference to fashion) in *The Cardsharps* all contribute towards highlighting the role of each character.

The garments worn by each person in the painting immediately mirror and communicate the role of each one of them; moreover, much of the information provided is to be filtered through the culture of the environment and fashion of the time. The artist is accurate and skilful in defining the fabric, namely silk, while it is not always an easy task to interpret and understand the type of weaving technique used for the illustrated material. For the characters in the painting, Caravaggio applied the same criteria he used for the official portraits of reigning families while defining the social status of each individual.

Critics date the creation of *The Cardsharps* to the year 1595: namely the period in which Caravaggio, following his Lombard training and his stay in Venice, moved to Rome.

Spianzi decorations

The faded feathered cap, threadbare gloves and striped shirt disclose a lot about the social condition of the character standing at the centre of the painting, namely that of a cardsharper. (fig. 1)

In the painting, the decoration of the late-Renaissance garment is defined by a small twig with a motif reminiscent of a pomegranate, plant elements and with "S"-shaped leaves that were widespread both in oriental decorations, European fabrics and Persian rugs. A hand-knotted Persian rug is illustrated in the painting, over the wooden card-table, and it bears an "S"-shaped leaf.

The effect of the pattern consisting of slender arched twigs with flowers and leaves ending with a swirl instead of roots, defined in Venice as "spianzi"[1], is arranged on the fabric in a staggered horizontal order, to the point of creating a checkerboard composition that seems to predate the more popular one with a club motif. The term *spianzi*, of Venetian origin, refers to an uprooted plant like those reproduced in engravings of sixteenth-century anthologies that allowed the graphic and pictorial reproduction of plant motifs without having hands-on knowledge of the same.

The slenderness of the twigs might suggest the use of velvet or *liseré* satin.

A decorative motif similar to the one employed in the cardsharper's clothing can be recognized in the decoration of many fabrics from the last quarter of the sixteenth century; particularly in the blue silk damask used for the sleeveless gown worn by the Madonna of the Rosary, housed in the Museum of Religious Art in Oleggio, that was documented in 1595. Slender twigs with a pinecone and blossom motif are alternated with "S"-shaped leaves of oriental flair; the two motifs are arranged in a checkerboard pattern and act as liaison with many variations of contemporary textile decorations. The sleeveless gown (figs. 2–2a, 3), albeit reaching our times with a few modifications compared to the original version, acted as a petticoat to the simulacrum of the Madonna of the Rosary (that is preserved with the confraternity bearing the same name) and presently wears an opulent eighteenth-century gown in embroidered silk. Restoration of the sixteenth-century wood simulacrum and of the eighteenth-century gown in 2008, by the Soprintendenza per i Beni Artistici e Storici of the Piedmont Region and by the Ancient Textiles Restoration Workshop in the "Mater Ecclesiae" Benedictine Abbey of Orta San Giulio, has fostered recovery of the said garment that is perhaps the first one worn by the simulacrum and ascribable to the third quarter of the sixteenth century[2].

The blue damask from Oleggio, documented in 1595[3], is likely to have been of Milanese workmanship, both from its decoration and the quality of the silk, and for the constant cultural dependence of the Oleggio hamlet on the capital of the Lombard duchy to which Oleggio belonged.

The "S"-shaped leaf, alternated with "spianzi" motifs (having leaf, pinecone and pomegranate elements of profound symbolic mean-

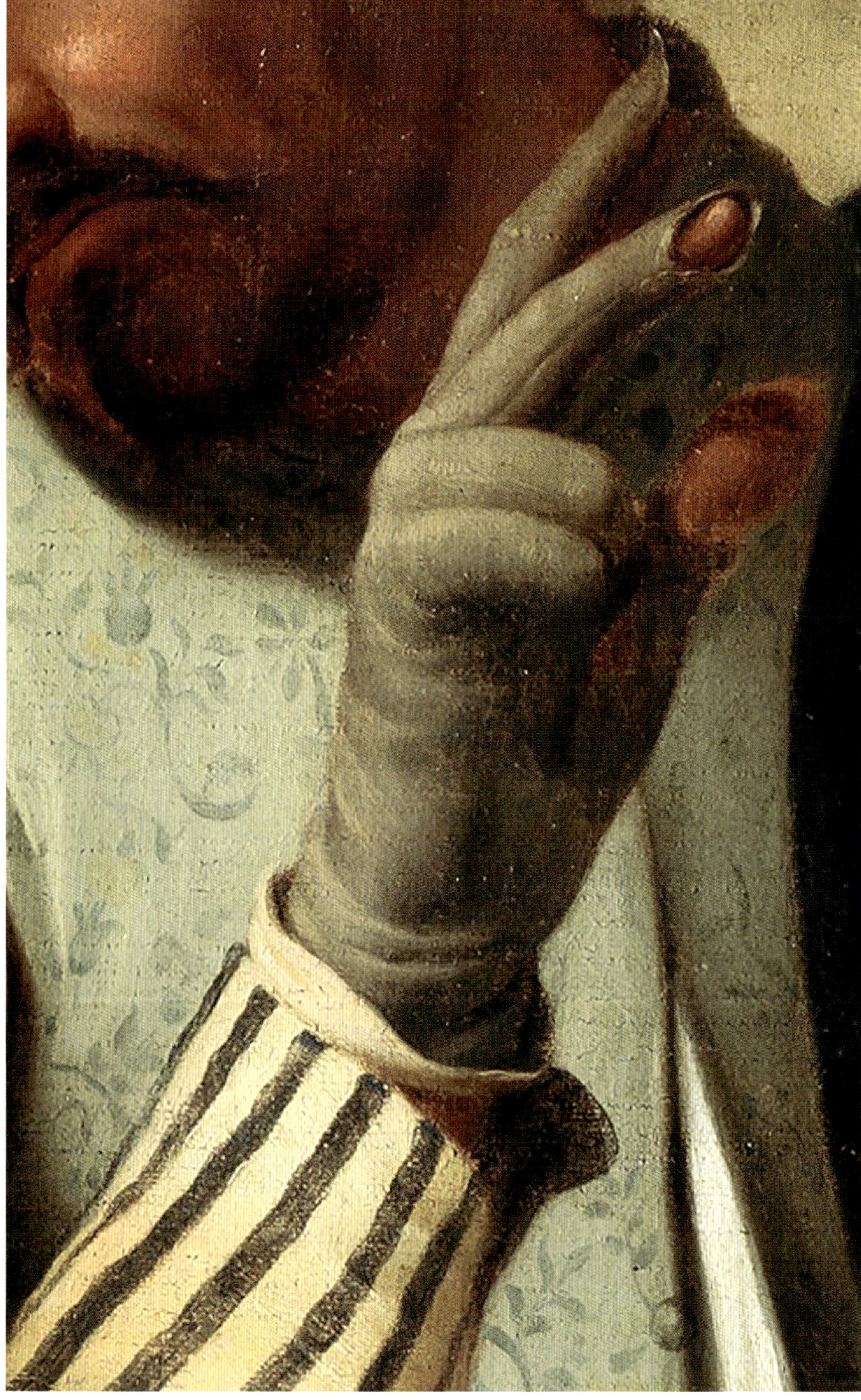

1. Caravaggio, *I bari*, particolare della figura centrale

1. Caravaggio, *The Cardsharps*, detail of the central figure

ing), would have been very popular during the entire seventeenth century along with a very widespread motif, better known as "a mazze" (with clubs), and in another later version envisaging intertwined twigs. Many paintings illustrate the clothing of Italian aristocrats made using fabrics with club-shaped patterns – suffice it to take into consideration the portrait of a Medici noblewoman made by a Florentine manufacturer in approx. 1600[4] and Eleonora Gonzaga's opulent gown painted in 1621 by the artist Giusto Sustermans (Vienna, Kunsthistorisches Museum), all the way to an antependium in the Fiume Diocese dating back to the first quarter of the seventeenth century that was reported to me by Iva Jazbec Tomai (essay in the press), and part of Prince Adolf of Sweden's funerary outfit (prior to 1636) that was made using a precious *"spianzi"* fabric identical to a humeral veil inside the Gandino Cathedral[5] (Bergamo).

Decorative motifs resembling those in the short *giubbone* (jacket), of military origin, worn by the central cardsharper are also present in the two chasubles preserved in the MAR in Oleggio, and also in some vestments belonging to the Novara diocese.

For example, the salmon pink chasuble[6] in Oleggio (figs. 4–4ae) decorated with twig, pinecone, pomegranate and leaf motifs, is made of liseré satin (a weft weave) in silk; the other vestment is made using the same technique, namely in warp-faced satin with a liseré weave (fig. 5) defining the pattern with pomegranate fruit and leaf motifs. A green damask chasuble, with similar motif bearing stylized flowers and fruit, is preserved in Campertogno (fig. 6). An interesting red[7] damask antependium (fig. 7) in the Arona parish church also bears the decorative motifs of twigs with a final swirl alternated to "S"-shaped leaves similar to those in the blue damask of the Oleggio fabric. This technical perfection suggests a provenance of Milanese workmanship, where damasks were distinguished for their excellent weaving quality and for their high-quality materials. Compositions using the "S"-shaped leaf motif are also present in some fragments belonging to the Ratti Foundation Museo del Tessuto collections in Como[8] (fig. 9), in the Gandini collections in Modena[9] (fig. 10). …and in the embroidered satin gown worn by the Sleeping Madonna that is presently housed in the Sacro Monte Museum in Varallo Sesia (fig. 10).

A composition made using open weave, that was widespread towards the close of the sixteenth century, was called a *spianzi* motif used for interior decoration fabrics and liturgical vestments: such as the chalice cloth in Crevacuore (fig. 17) and the one in Craveggia, in addition to the green damask chasuble in Oleggio and the crimson damask for the stole of the pluvial whereas the mantle is made using damask with a "Bascapè"[11] motif.

The Museum of Calasca (Verbano-Cusio-Ossola) excellently preserves an interesting chasuble (fig. 10) in brocade silver interfacing with polychrome carnation flower motifs, and wheat spikes alternating with little birds, in accordance with late-sixteenth century tradition. Further development of the *spianzi* motif with the insertion of animals (especially volatiles) and polychrome flowers was popular during the last quarter of the sixteenth century; there are many examples of this in monochrome damask and in velvet within the Gandini Collection in Modena.

For example, one should observe the numerous silk fragments with analogous decorations in the Textile Museum in Terrassa (Spain), such as fragments no. 5412 and no. 5430 that are described as seventeenth-century Italian or Spanish productions, and some embroideries housed in the Victoria & Albert Museum[11].

Motifs similar to those mentioned are widespread in fabrics preserved on the premises of some Italian museums (Modena, Venice, Florence): most of these are made in damask, liseré satin or in brocade taffeta; as can be found in the previously mentioned Gandini collection in Modena or in the Silk Museum – Ratti Foundation in Como (fig. 9); the velvet pattern can be found, as suggested, in the painting in Bari.

While the clothing worn by the central figure in *The Cardsharps* might have been made of velvet or lampas, instead it seems that the material used for the sleeves with a striped pattern adopted during the sixteenth and seventeenth centuries for clothing or uniforms of subordinates was in taffeta (thin silk fabric); this pattern made reference to when, during medieval times, striped fabric was popular in oriental attire and was considered as a sign of untidiness or fabric of the devil, not belonging to Christians[12].

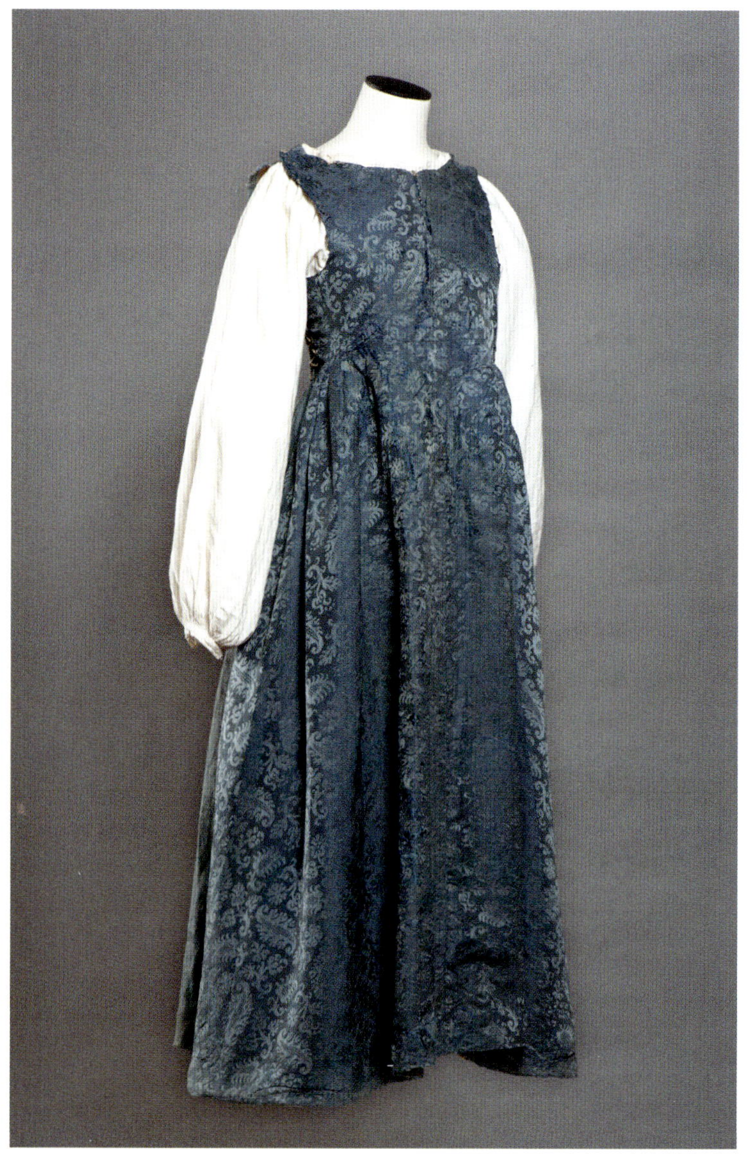

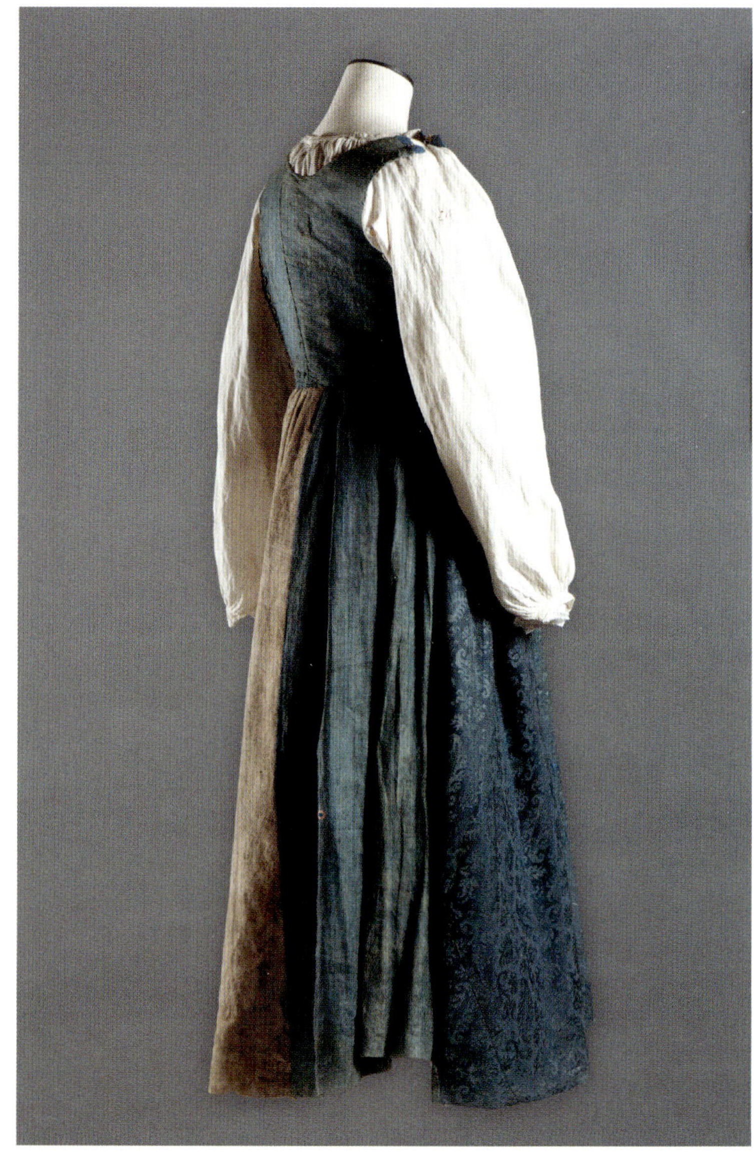

versione più tarda con rametto intrecciato. Abiti di nobili italiani confezionati con tessuti con motivi a mazze sono raffigurati in molti dipinti, si pensi al ritratto di una dama Medici eseguito da una manifattura fiorentina nel 1600 circa[4] e al sontuoso abito di Eleonora Gonzaga dipinto nel 1621 dal pittore Giusto Sustermans (Vienna, Kunsthistorisches Museum) per arrivare a un paliotto della diocesi di Fiume del primo quarto del Seicento, segnalatomi da Iva Jazbec Tomai (studio in corso di stampa) e a parte del corredo funebre di Adolfo di Svezia anteriore al 1636 confezionato con un prezioso tessuto a spianzi uguale a un velo omerale della cattedrale di Gandino[5].

Motivi decorativi che hanno assonanze con quelli del giubbone corto, di derivazione militare, del baro centrale, sono presenti in due pianete del MAR di Oleggio e in alcuni paramenti della diocesi di Novara.

Per esempio, a Oleggio, la pianeta[6] color rosa salmone (fig. 4a) con rametto, pigna, melograno e motivi fogliacei, è realizzata in raso liserè (un ordito con trama slegata) di seta, l'altro paramento è eseguito con la stessa tecnica, cioè in raso faccia-ordito con una trama liserè (fig. 5) che definisce il decoro, con frutto di melagrana e motivi fogliati. Una pianeta di damasco verde con motivo analogo con fiori e foglie stilizzate è conservata a Campertogno (fig. 6). Ad Arona, nella chiesa parrocchiale, un interessante paliotto (fig. 7) di damasco rosso[7] propone i motivi decorativi del rametto col ricciolo finale alternato alla foglia a "S" simile a quella del damasco azzurro della veste di Oleggio con una perfezione tecnica che suggerisce la provenienza dalla produzione milanese dove i damaschi si distinguevano per l'alta qualità tessitoria e per i filati eccellenti. Composizioni con il motivo a foglia a "S" sono presenti in alcuni frammenti delle collezioni del Museo del tessuto della Fondazione Ratti di Como[8] (fig. 9), nelle collezioni Gandini di Modena[9] (fig. 10) e nell'abito della *Madonna dormiente* in raso ricamato ora al Museo del Sacro Monte di Varallo Sesia (fig. 10).

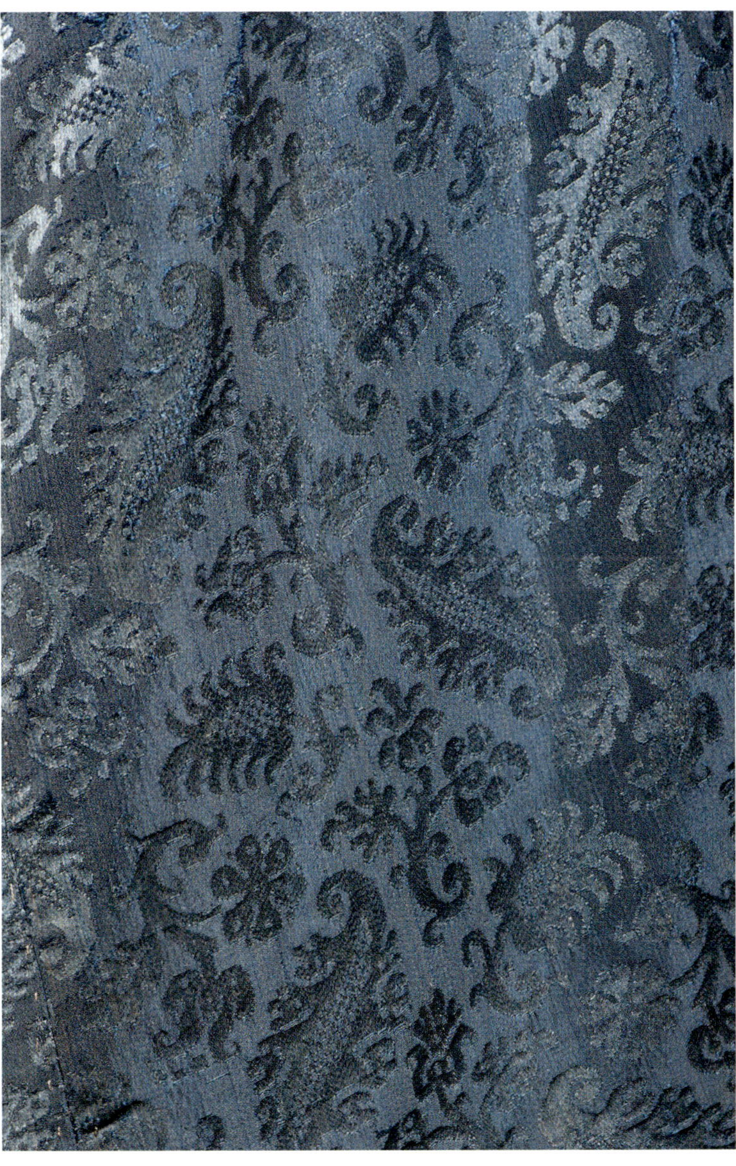

2a-b. Manifattura milanese, veste scamiciato in damasco di seta blu, ultimo quarto del XVI secolo. MAR - Oleggio (foto G. Gallarate)

2a-b. Milanese workmanship, sleeveless gown in blue silk damask, last quarter of the sixteenth century. MAR - Oleggio (photograph G. Gallarate)

3. Particolare del damasco di seta blu della veste-scamiciato di seta blu, ultimo quarto del XVI secolo. MAR - Oleggio (foto G. Gallarate)

3. Detail of the blue silk damask in the sleeveless blue silk item of clothing, last quarter of the sixteenth century. MAR - Oleggio (photograph G. Gallarate)

Silk damask

Of the two cardsharpers, the young man in profile (fig. 12) is distinguished by his *giubbone* jacket made with shiny light hazel-coloured damask silk, a precious fabric due to its material, durable for its compactness and manufacturing technique. Damask is obtained by juxtaposing warp-faced and weft-faced satin weave, creating a shiny-opaque effect defining the form of its pattern. Damask, a kind of fabric of very ancient oriental origin, was widely present in European textile traditions as a material intended for interior decoration, secular and ecclesiastical clothing. Despite many damask manufacturers being present throughout Europe from the thirteenth century[13], it was only during the sixteenth century that Italy would greatly broaden its production of silken damask and gain a primacy in the sector that would last to the mid-seventeenth century when compared to other countries – and particularly Spain[14]. The "pinecone" motif, which distinguishes the garment worn by the young cardsharper, marks the persistent decorative link with late-fifteenth century and sixteenth century culture. The said "pinecone" pattern persisted in the creation of interior decoration fabrics from the fifteenth to the late-seventeenth centuries in some technical variations of the same: from silk lampas to silk brocatelle or *lanciato* (with a supplementary weave). The fabric is also employed in the creation of liturgical vestments, such as the complete red and gold liturgical vestments (fig. 14) (Fiori, *Jacquard*, 2016 in the press) preserved in the Soriso parish church (Novara) and the one belonging to the parish church in Borgosesia Valsesia (Novara). Towards the close of the sixteenth century and the beginning of the following one, damasks with similar patterns to the one taken into consideration were widespread in the churches belonging to the Novara diocese, in compliance with post-Council of Trent provisions applied by Carlo Bascapè, bishop of Novara from 1593 until 1615, in all of his dioceses. Silk is referred to as a precious fabric to be employed in

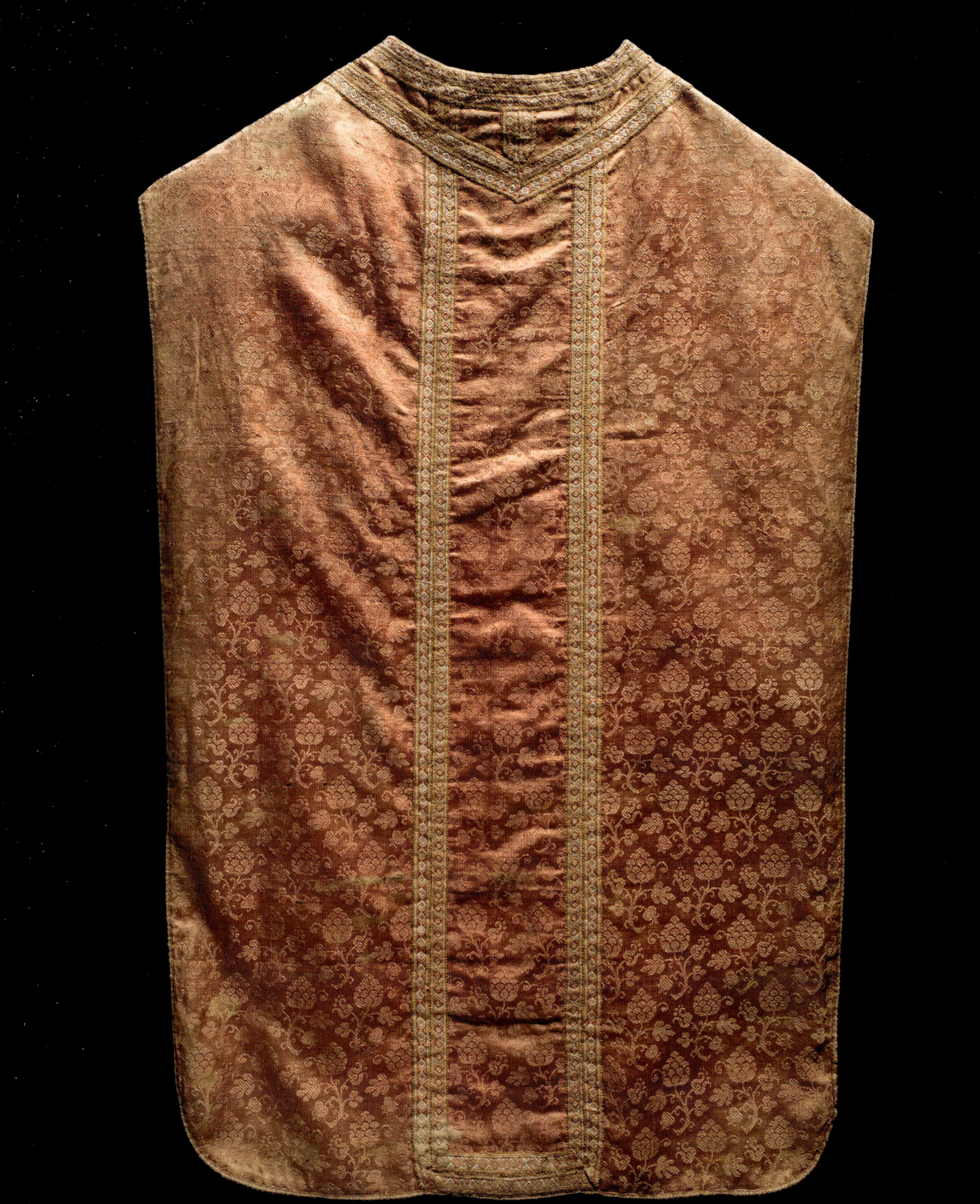

4a-b. Manifattura milanese, pianeta rosa salmone di seta, raso liserè, insieme e particolare, fine XVI-inizio XVII secolo.
MAR - Oleggio (foto G. Gallarate)

4ab. Milanese workmanship, salmon pink silk chasuble, liserè satin, whole and detail, late sixteenth century-early seventeenth century. MAR - Oleggio (photograph G. Gallarate)

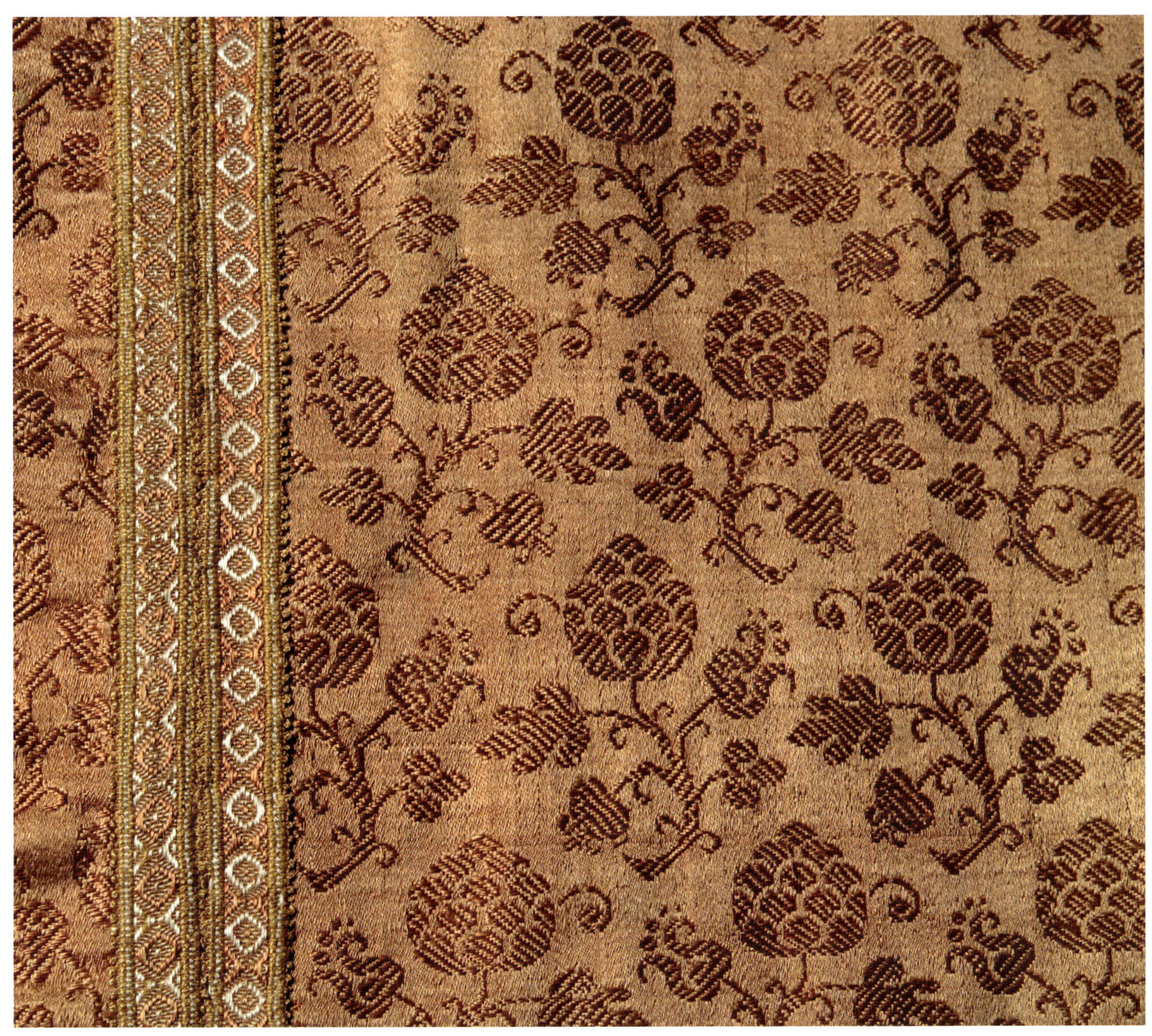

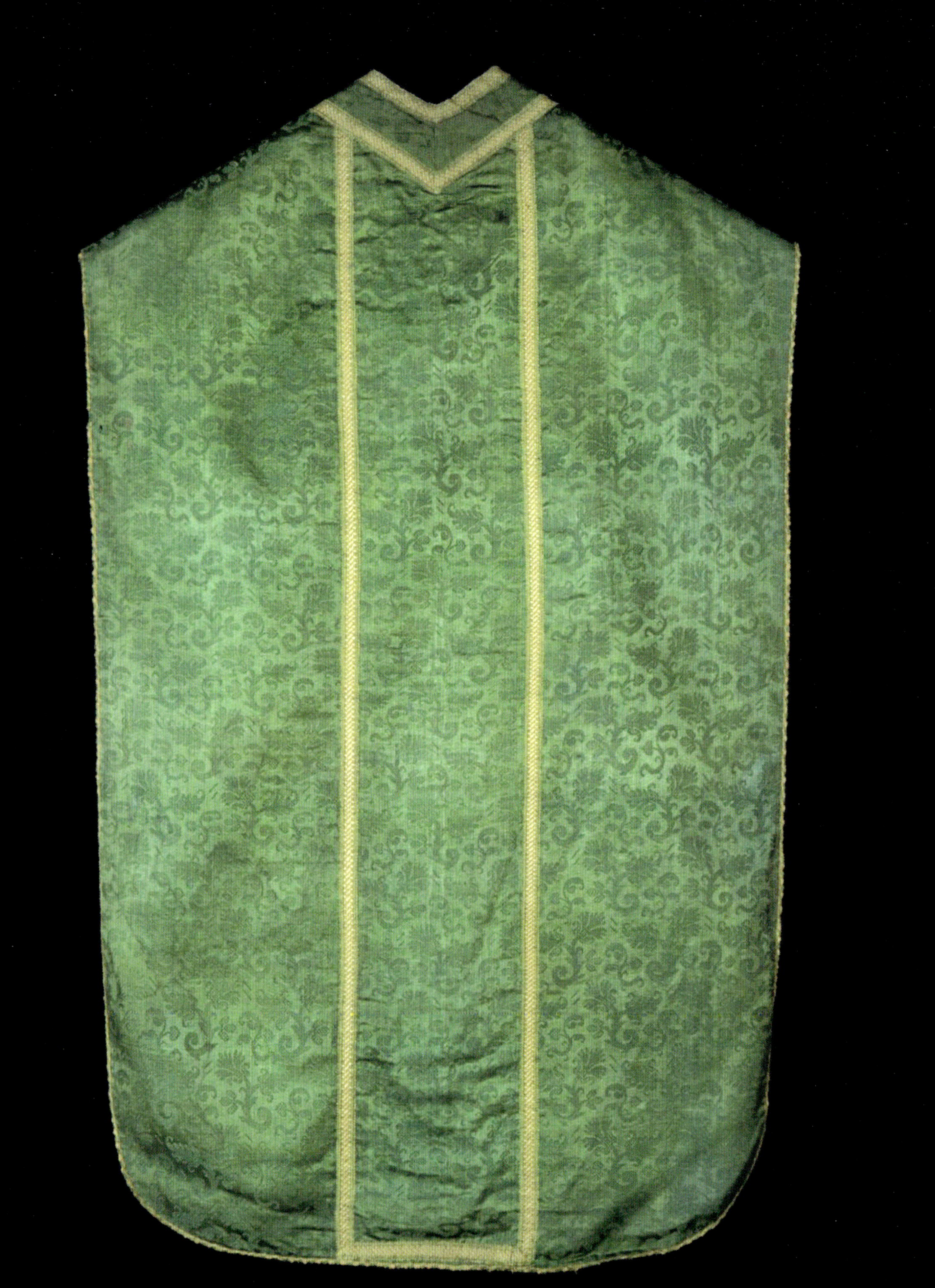

5. Manifattura milanese, pianeta verde di seta, raso liserè, insieme e particolare, fine XVI-inizio XVII secolo. MAR - Oleggio (foto Ufficio Beni culturali - Diocesi di Novara)

5. Milanese workmanship, green silk chasuble, liserè satin, whole and detail, late sixteenth century-early seventeenth century. MAR - Oleggio (photograph Ufficio Beni culturali - Diocesi di Novara)

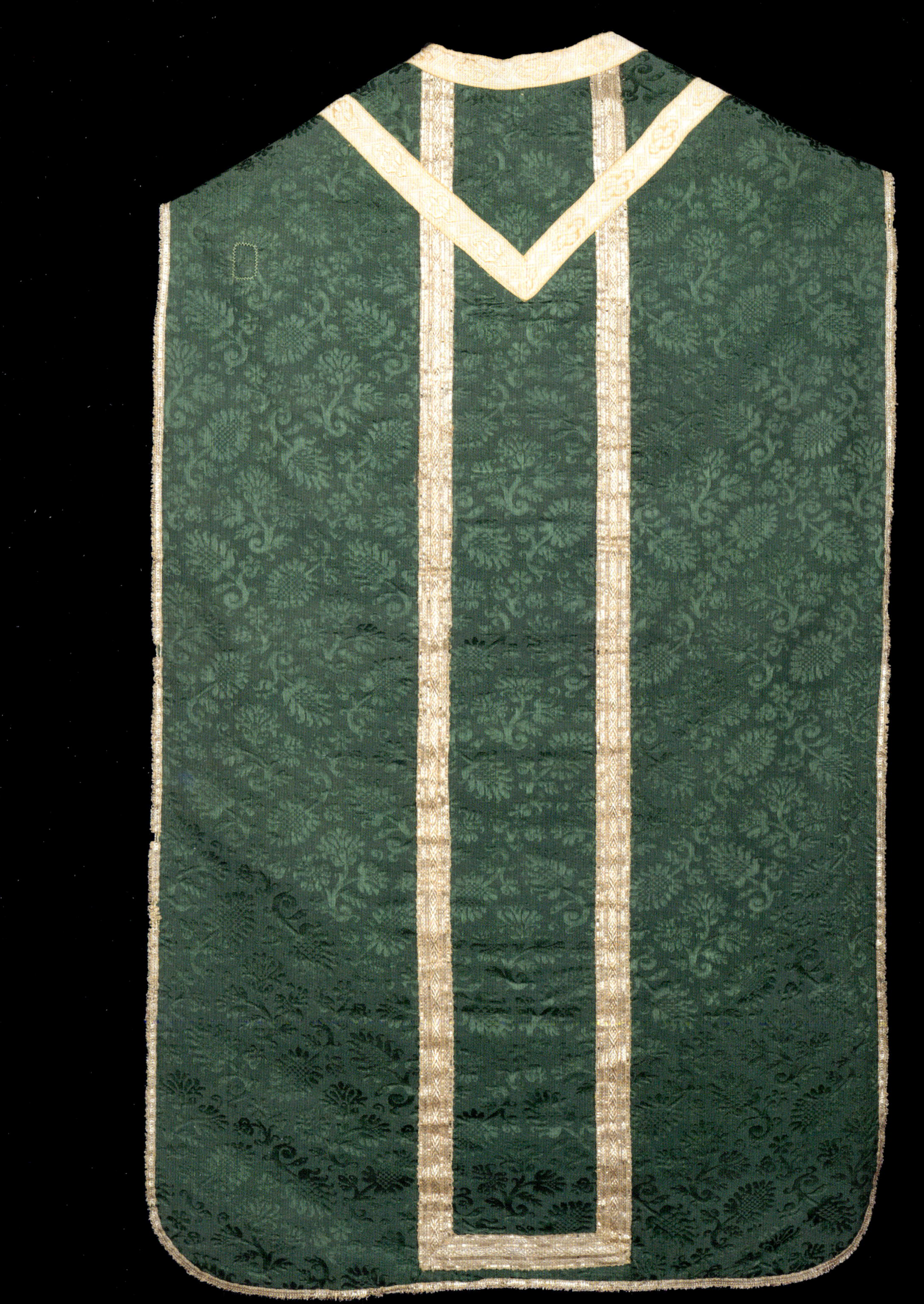

6. Manifattura lombarda, pianeta di damasco di seta verde, fine XVI-inizio XVII secolo. Campertogno, chiesa parrocchiale (foto G. Gallarate)

6. Lombard workmanship, green damask silk chasuble late sixteenth century-early seventeenth century Campertogno, Parish church (photograph G. Gallarate)

liturgical vestments which, until then, were made using various types of material: from wool to mixed hemp and embossed leather. The use of damask with great repeats in tailoring a jacket confirms the use of the said fabrics for various purposes and perhaps (in the case of the young man) it illustrates a lower social class compared to the other two characters depicted in the painting.

Damask is a precious fabric, with prices that were high, yet more affordable compared to velvet or other silk textured material. An example is provided by documents in the Capitolare della Cattedrale Archives in Novara. In the year 1597, a white damask chasuble was purchased for the Bishop of Novara for 77 *lire*, in addition to a *braccio* (a unit of measurement for silk fabric, similar to the fathom, approximately an arms-length) of silken damask at the price of 4 *lire*, 12 *soldi*, 6 *denari*; during the same year a *braccio* of *morello* velvet sufficient for a pillow was priced at 14 *lire*, 10 *soldi* per *braccio*. The price for a *brazzo* of crimson velvet in 1604 was equal to 8 *lire* also due to the red or crimson colour as it was considered more precious compared to the others. We should take into consideration the purchase made on behalf of the Bishop of Novara, in the year 1594, of a green damask chasuble (threaded in gold) at the price of 216 *lire*. The price differed depending on the colour of the silken damask. Similar comparisons can be made with the price paid for the vault and stucco work conducted in the chapel of Palazzo Vescovile in Novara that was equal to 560 *lire*, and the price equal to 644 *lire* paid for a chasuble in gold fabric intended for the Bishop of Novara: the liturgical vestment was more expensive than all of the stucco decorations in an entire vault – due not only to the higher cost of materials (silk and gold), but also to the greater price paid for craftsmanship[15].

A distinction took place from the close of the sixteenth and into the seventeenth century between fabric intended for interior decorations and that intended for clothing; for fashion requirements, small-scale patterns were developed as they were better adapted to the shape of garments and to the enhancement of the article of clothing[16].

We find a depiction of the pinecone motif inserted inside a large oval mesh of the hazelnut satin damask even in the two versions of the *Fortune Teller* (Paris, Louvre Museum, fig. 8). It was inspired by the pinecone motif that was widespread from the fifteenth century onwards, proposed in the technical version of fifteenth-century velvet and all the way to seventeenth-century brocade lampas present within many of the vestries in the Novara diocese. The red and golden lampas is present in Borgosesia and Soriso, preserved in a complete liturgical vestment and also present in major Italian collections. Patterns with great repeats were proposed until the mid-seventeenth century even in liturgical vestments, as in the San Rocco Church in Miasino (fig. 15) where a crimson damask antependium (the front side of an altar) from the late sixteenth-early seventeenth century and of Tuscan origin has recently been restored; along with a red damask antependium in the Nonio (Verbania) parish church, bearing the date 1613 (fig. 16), embroidered in gold commemorating its donors and an event that has since been forgotten. A similar example of this decoration is preserved in the Museo del Tessuto in Prato[17] (fig.14a), testifying to the popularity of great repeats within the patterns employed over the course of centuries.

Velvet

Of the three characters depicted in *The Cardsharps*, the young man to the left (who seems to ignore the swindle to which he is about to fall victim) is dressed in a loose-fitting sagum (from the ancient doublet)[18] in black or black-crimson silk velvet, depending on the version, revealing high social status.

While the origin of velvet is uncertain, its production in Europe is documented from the fifteenth century[19] at least. The high production costs resulting from its slow and delicate weaving (approximately 2–3 cm of fabric produced on a daily basis), in addition to its sturdiness and its durability – all contributed towards making this fabric one of the most admired which served best in indicating and representing power and riches.

It was sought after for the glossiness of its surface and for its softness to the touch. Velvets from Genoa, Milan, Venice and Florence were in great demand.

The clothes worn by Saint Catherine of Alexandria (Madrid) have an abundance of black velvet with galloons and velvet with black on black leaf motifs.

7. Manifattura lombarda, paliotto di damasco rosso, fine XVI-inizio XVII secolo. Arona, chiesa parrocchiale (foto G. Gallarate)

7. Lombard workmanship, damask antependium late sixteenth XVI - early XVII century. Arona, Parish church (photograph G. Gallarate)

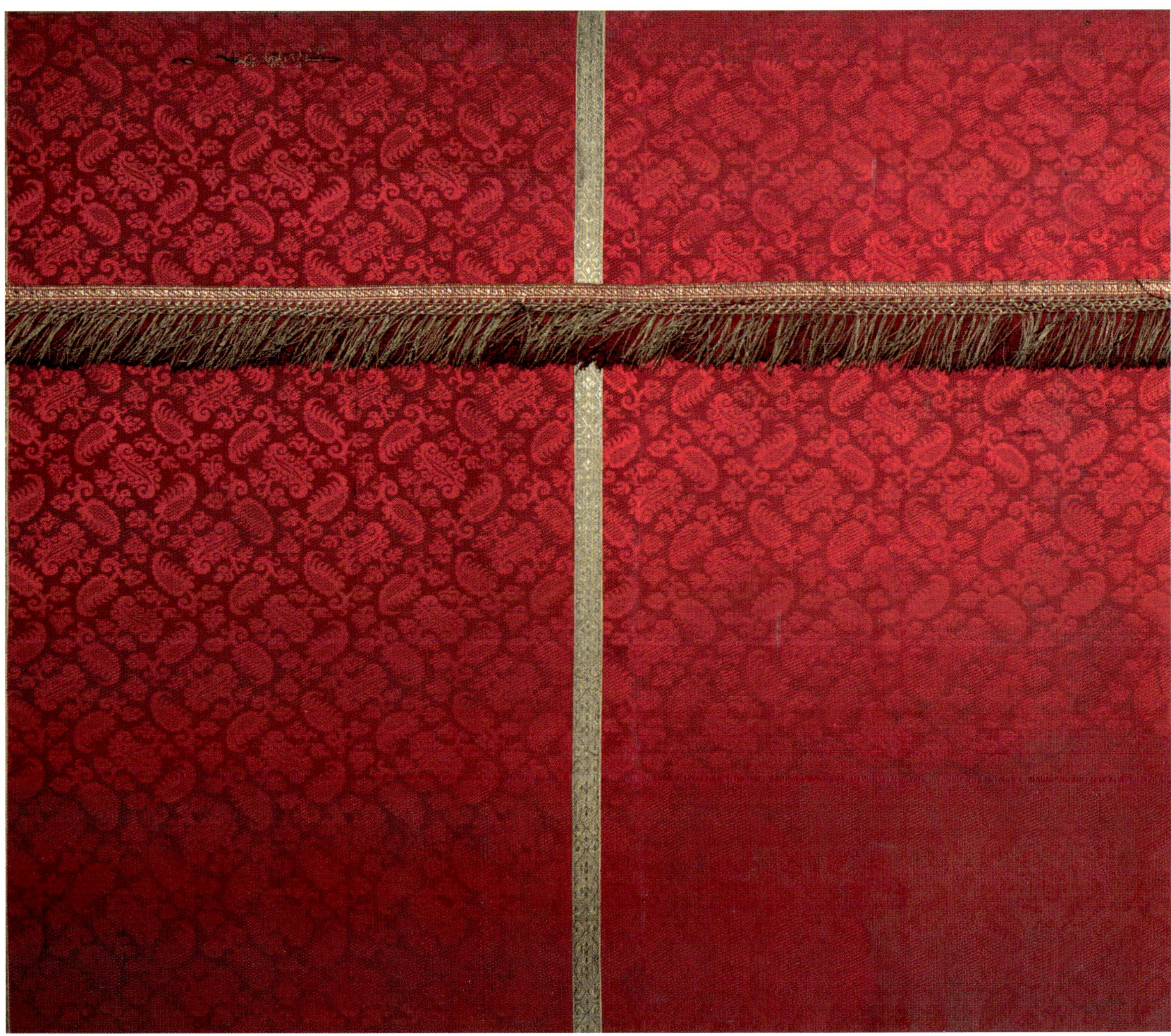

8. Particolare del velluto tagliato e riccio, XVI secolo, Fondazione Antonio Ratti. Como, Museo dello Studio del Tessuto, cat. AS 1170

8. Detail of cut and gathered velvet, XVI century, Antonio Ratti Foundation. Como, Museo dello Studio del Tessuto, cat. AS 1170

9. Particolare della veste della *Madonna dormiente*, raso di seta blu ricamato. Varallo Sesia, Museo del Sacro Monte (foto G. Gallarate)

9. Detail of the gown of the *Madonna dormiente* (Sleeping Madonna), silk satin. Varallo Sesia, Museo del Sacro Monte (photograph G. Gallarate)

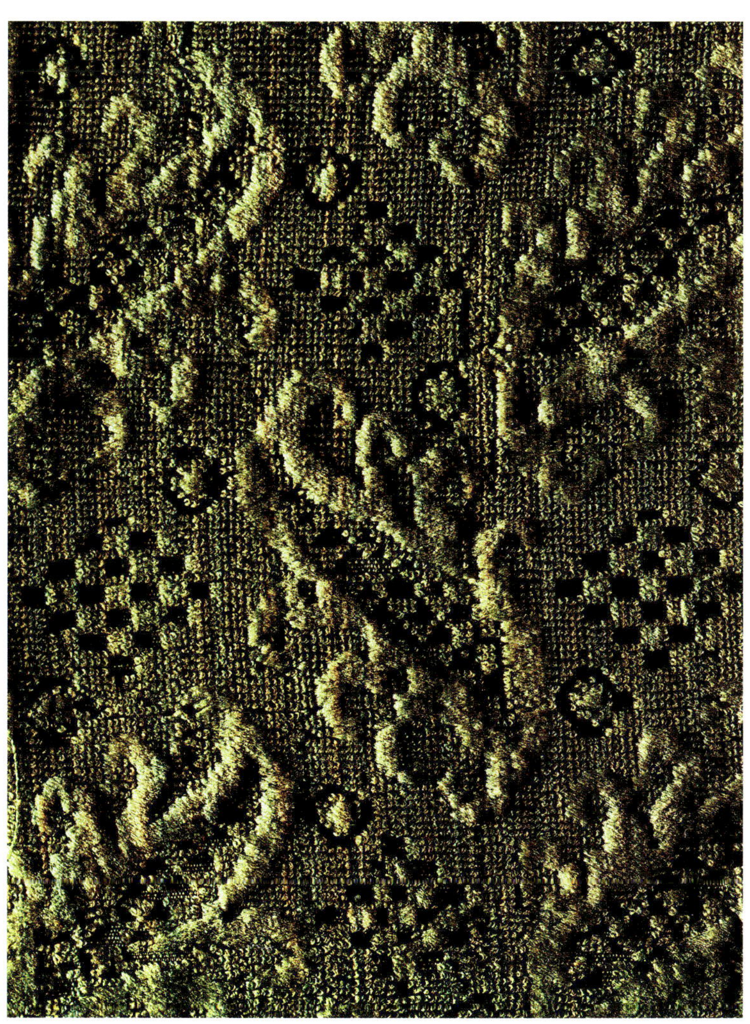

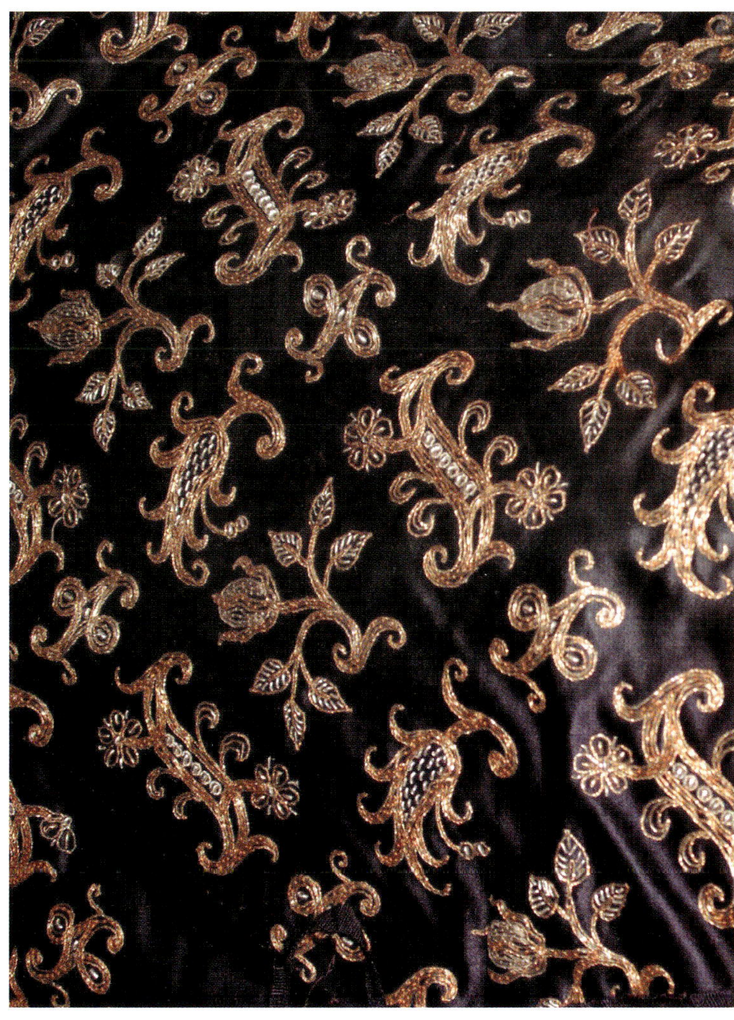

Other fabrics

Caravaggio's paintings produced a sort of review of textile categories during the second half of the sixteenth and early seventeenth centuries. One should consider the sleeveless gown illustrated in the *Penitent Magdalene* (fig. 13, p. 28) (Rome, Doria Pamphilj Gallery) made in fabric with a vertical mirrored pattern of an opulent amphora with its belly ribbed in framing leaf motifs. Decorations stand out against a light background perhaps in lampas (fabric with a background weft and supplementary wefts) or in two-tone damask – a technique that was widespread for interior decoration fabrics with these motifs. An apron is knotted over Magdalene's sleeveless gown, which seems to be made in silk damask with large repeats, perhaps with a pinecone pattern as it was very popular during the mid-sixteenth century.

One notices the preciousness and elegance of fabrics in the painting entitled *Portrait of a Courtesan* housed in Berlin (figs. 18, 19),

10. Manifattura lombarda, Pianeta a fondo avorio, inizio XVII secolo, lampasso broccato. Calasca, chiesa parrocchiale

10. Lombard workmanship, ivory chasuble, XVII century, brocade lampas. Calasca, Parish church

Con un motivo "a spianzi" è definita la composizione a maglie aperte diffusa verso la fine del Cinquecento nel decoro di teli d'arredo e di paramenti sacri, si pensi al velo da calice di Crevacuore e a quello di Craveggia, alla pianeta di Oleggio in damasco verde e al piviale di Cravagliana in damasco cremisi nello stolone (fig. 17), mentre il manto è confezionato con damasco dal motivo Bascapè[10].
Nel Museo di Calasca (Valsesia) è egregiamente conservata un'interessante pianeta (fig. 10) di teletta d'argento broccata con motivi policromi a fiori di garofano, fritillarie, a spighe di grano alternati a uccellini, cardellini e verdoni secondo la tradizione tardocinquecentesca. Lo sviluppo del motivo a spianzi con l'inserimento di animali, soprattutto volatili, e di fiori policromi è diffusa dall'ultimo quarto del Cinquecento vi sono molti esempi in damasco monocromo e in velluto della collezione Gandini di Modena.
Si vedano, per esempio, i numerosi frammenti di seta con analogo decoro nel Museo del tessuto a Terassa (Spagna) come il frammento n. 5412 e il n. 5430, indicati come produzione del XVII secolo in Italia o in Spagna e come alcuni ricami del Victoria & Albert Museum[11].
Motivi analoghi a quelli citati sono diffusi in alcuni tessuti conservati nei musei italiani (Modena, Venezia, Firenze) realizzati nella maggior parte dei casi in damasco, in raso liserè o in taffetas broccati; come si trova nella citata collezione Gandini di Modena o al Museo della seta-Fondazione Ratti a Como (fig. 9); è possibile trovare il motivo in velluto, come suggerirebbe il dipinto dei *Bari*. Mentre l'indumento della figura centrale dei *Bari* potrebbe essere di velluto o di lampasso, pare invece di taffetas (tela sottile di seta) la stoffa delle maniche con il motivo rigato adottato nel Cinque e Seicento per le vesti o per divise dei subalterni con un riferimento di quando, nel Medioevo, la stoffa rigata era diffusa negli abbigliamenti orientali e veniva considerata indice di disordine o la stoffa del diavolo, del non cristiano[12].

Il damasco di seta

Dei due bari, il giovane, ripreso di schiena (fig. 12), si distingue per il giubbone confezionato con un lucente damasco di seta color nocciola chiaro, tessuto pregiato per il materiale, resistente nel tempo per la sua compattezza e la sua tecnica di realizzazione. Il damasco è ottenuto dall'accostamento del raso faccia ordito al raso faccia trama per creare un effetto di lucido-opaco che definisce la forma del decoro. Il damasco, un genere di stoffa di antichissima origine orientale, è stato largamente presente nella tradizione tessile europea come tessuto destinato all'arredo e all'abbigliamento laico ed ecclesiastico. Nonostante dal Duecento fossero diffuse numerose manifatture di damaschi in Europa[13] è nel Cinquecento che l'Italia darà largo sviluppo alla produzione del damasco serico conquistando un primato nel settore che perdurerà sino a tutta la prima metà del Seicento rispetto agli altri Paesi e in particolarità alla Spagna[14] Il motivo decorativo a "pigna" che contraddistingue l'indumento indossato dal giovane baro segnala il persistente legame decorativo alla cultura tardo quattrocentesca e cinquecentesca. Tale decoro a "pigna" persiste nella realizzazione dei teli d'arredo dal Quattrocento sino al Seicento inoltrato in alcune varianti tecniche: dal lampasso di seta al broccatello di seta e canapa e al raso broccato o un lanciato. Si tratta di un tessuto impiegato anche per la confezione dei paramenti sacri, si pensi al parato liturgico completo rosso e oro (fig. 13) della parrocchia di Soriso (Novara) e a quello della parrocchia di Borgosesia in Valsesia (Novara). Verso la fine del Cinquecento e l'inizio del secolo successivo i damaschi con motivi analoghi a questo considerato sono diffusi nelle chiese della diocesi di Novara, per ottemperare alle disposizioni postridentine diffuse nella diocesi da Carlo Bascapè, vescovo a Novara dal 1593 al 1615. La seta è indicata come materiale pregiato da utilizzare per i sacri paramenti che, sino ad allora, erano confezionati con svariati materiali: dalla lana al misto canapa e al cuoio impresso. L'impiego del damasco a grandi rapporti per confezionare una giubba conferma l'impiego di tali tessuti per più usi e forse, da parte del giovane, segnala una minor disponibilità economica rispetto agli altri due personaggi raffigurati.
Il damasco è un tessuto pregiato, dai costi alti ma contenuti rispetto al velluto e ai tessuti operati di seta. Un esempio è offerto dalla documentazione che ci offre l'archivio Capitolare della

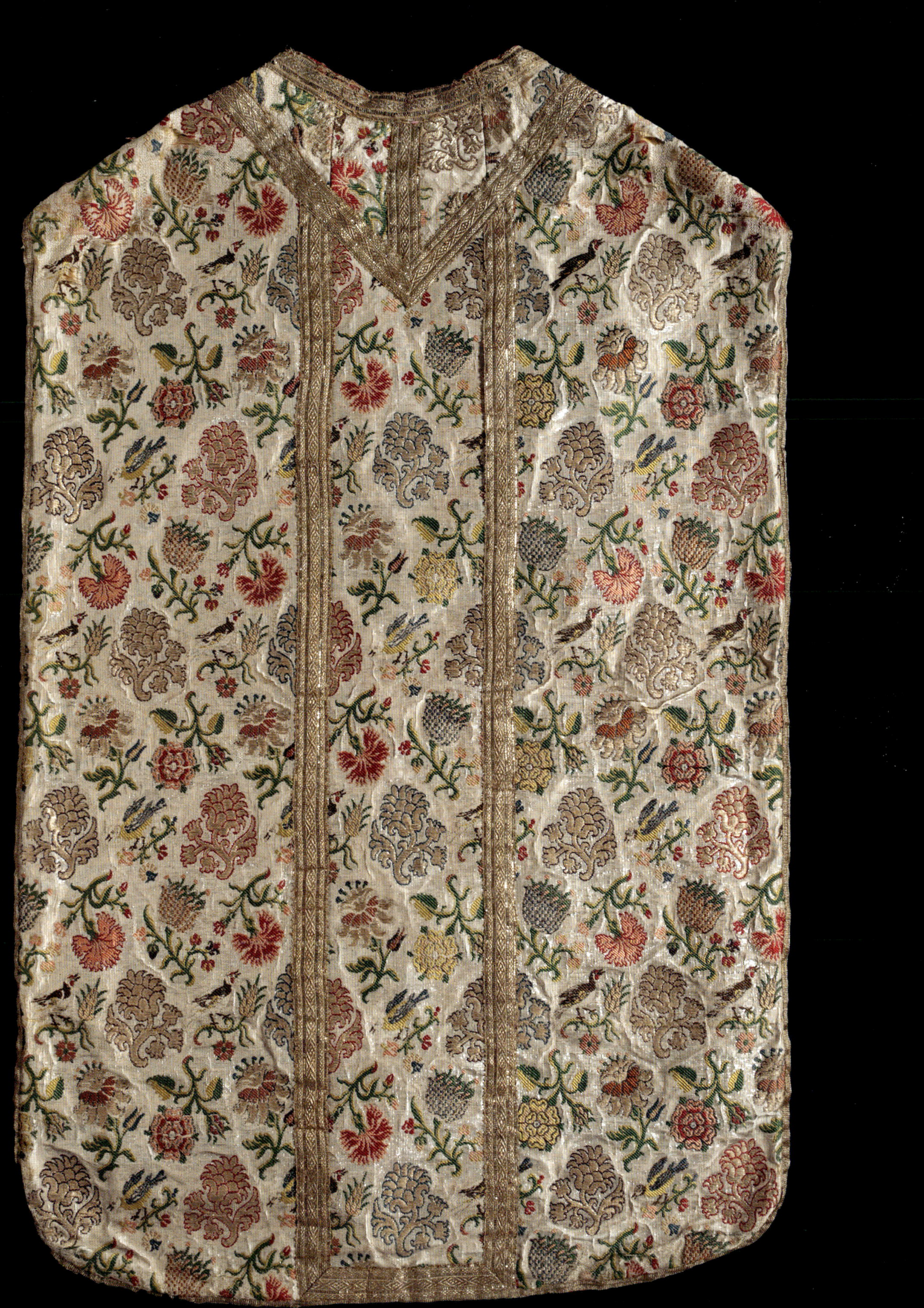

11. Manifattura italiana, frammento, primo quarto del XVII secolo. Modena, archivio fotografico del Museo civico d'Arte, Inv. N. P2-00477° (foto S. Orselli)

11. Italian workmanship, fragment, first quarter of the XVII century. Modena, Archivio fotografico del Museo civico d'Arte, Inv. N. P2-00477° (photograph S. Orselli)

12. Caravaggio, *I bari*, particolare

12. Caravaggio, *The Cardsharps*, detail

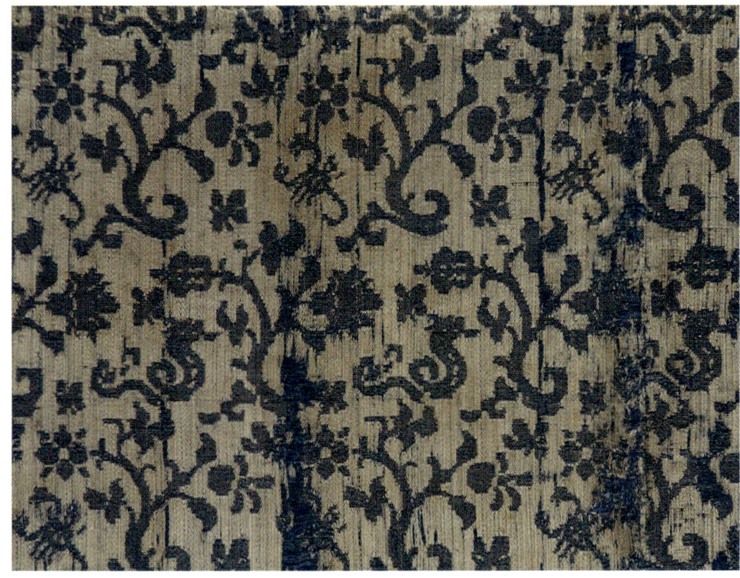

Cattedrale di Novara. Nel 1597 una pianeta di damasco bianco venne acquistata per il vescovo di Novara a 77 lire, così un braccio (unità di misura per il tessuto di seta) di damasco serico costava 4 lire, 12 soldi, 6 denari; nello stesso anno un braccio di velluto morello per fare un cuscino costava 14 lire, 10 soldi il braccio. Per un *brazzo* di damasco cremisi nel 1604 il costo era di 8 lire, complice anche il colore rosso o cremisi, più prezioso rispetto agli altri. Si pensi all'acquisto, da parte del vescovo di Novara effettuato nel 1594 – di una pianeta in damasco verde, fornita d'oro, al costo di 216 lire. Differenziava nel prezzo il colore di un damasco serico. Confronti significativi sono quelli per la spesa di 560 lire sostenuta per la volta e stucchi della cappella del Palazzo vescovile di Novara e la spesa di 644 lire per una pianeta di tela d'oro per il vescovo novarese: il paramento liturgico è più caro dell'intera decorazione in stucco di una volta, a indicare non solo il maggior costo dei materiali (seta e oro), ma anche il maggior costo della mano d'opera[15].
Dalla fine del Cinquecento e nel Seicento avviene la distinzione tra tessuti per arredo e per abbigliamento e per l'esigenza della moda si sviluppa il decoro a piccolo rapporto che maggiormente si adatta alle forme degli abiti e alla valorizzazione dell'abito[16].
Troviamo la raffigurazione del decoro a pigna inserito in una grande maglia ovale del damasco raso nocciola anche nelle due versioni della *Buona ventura* (Parigi, Musèe du Louvre). È ispirato al motivo a pigna diffuso dal Quattrocento in poi, proposto nella versione tecnica del velluto del Quattrocento sino al lampasso broccato del Seicento presente in molte sacrestie della diocesi di Novara. al lampasso rosso e dorato di Borgosesia e di Soriso dove è conservato un parato liturgico completo presente anche nelle maggiori collezioni italiane. I motivi a grandi rapporti sono proposti sino alla metà del Seicento anche nei parati liturgici, come nella chiesa di San Rocco a Miasino (fig. 15) dove è stato restaurato recentemente un paliotto (la parte anteriore di un altare) di damasco cremisi di fine Cinquecento - inizio Seicento di provenienza toscana e un paliotto di damasco rosso della chiesa parrocchiale di Nonio con la data 1613 (fig. 16) ricamata in oro ricorda i donatori e un evento di cui si è persa memoria. Un analogo esempio di decoro è conservato nel Museo del tessuto di Prato[17] (fig. 14a) a testimonianza di un diffuso gusto per il grande rapporto di disegno utilizzato nei secoli.

Il velluto

Dei tre personaggi del dipinto *I bari* il giovane a sinistra, che appare ignaro del raggiro di cui sta per essere vittima, veste un ampio saio (dall'antico farsetto)[18] di velluto di seta nera o nera-paonazza, secondo la versione, indice di *status* sociale alto.
Se l'origine del velluto è incerta, anche se di provenienza orientale, la sua produzione in Europa è documentata almeno dal Quattrocento[19] Il suo particolare aspetto, gli alti costi di produzione richiesti da una tessitura lenta e delicata (si calcoli sui 2 due/tre centimetri circa prodotti al giorno) oltre alla sua robustezza che garantiva una lunga durata nel tempo, contribuiva a fare di questo tessuto una fra le stoffe più ammirate e indicate a rappresentare il potere e la ricchezza.

with the bodice of the sleeveless gown in horizontal stripes on dark brown and green velvet that make reference to a woman's social standing, and decorated with refined golden galloons made using spindles.
Golden galloons similar to those depicted in *Portrait of a Courtesan* (Berlin) in silver golden threads woven with spindles can be compared to the sixteenth-century galloons on a light green damask chasuble that is present in Oleggio (fig. 19). Motifs with complete amphorae or caper motifs were in fashion from the mid-sixteenth century and were made with lampas or two-tone damask as in the famous Florentine drawing called "a brocone con caperi", dated 1555, and preserved in the Florence State Archives and intended for the Frankfurt Fair[20] and similar to fragment (inv. no. M00319-01) belonging to the Rubelli Museum Collection in Venice.

Lace

While velvet is admirably reproduced in Pope Paul V's red *mozzetta* with ermine trim, even the lace applied to the same Pope's rochet[21] is also skilfully described and refers back to the rich lace collection in the Gandino Museum[22].
The lace applied on collars, from that of the young man in *The Cardsharps* manufactured "à l'italienne"[23] all the way to the very refined lace applied to the cuffs in the two versions of the *Fortune Teller*, denotes refinement in the selection of stitches and the client's good financial standing; the same can be said for the embroidery of the blouse neckline in the *Portrait of a Courtesan*.
There are many elements referring to fashion in the Master's paintings, but those proposed are exemplary for the topicality of the model and materials in fashion during the end of the sixteenth and beginning of the seventeenth centuries: silk, damask, velvet.

Other examples

The diamond-shaped pattern in the damask (fig. 20) with "S"-shaped leaves framing a spianzi" motif can be linked to diamond-shaped mo-

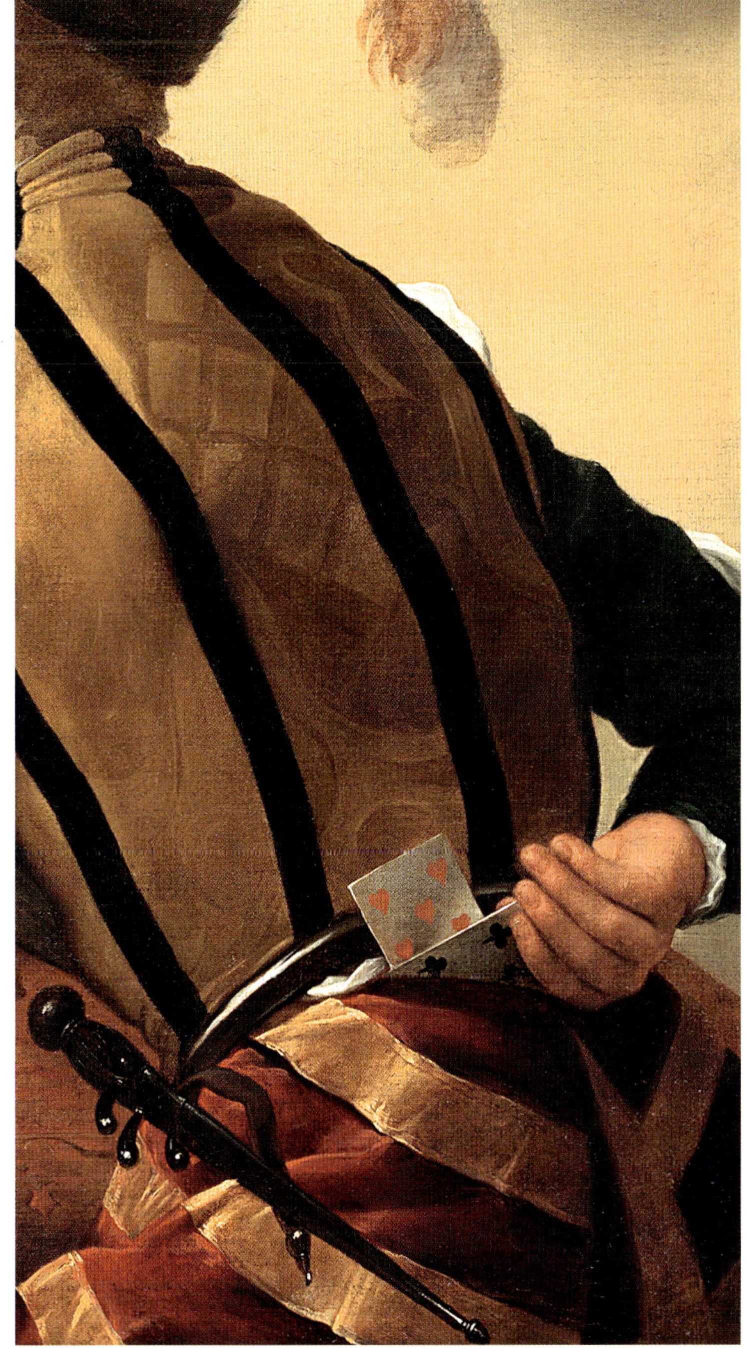

13. Manifattura lombarda, parato liturgico e particolare del decoro in lampasso lanciato in seta cremisi e argento dorato filato, fine XVI-inizio XVII secolo. Soriso, chiesa parrocchiale. (foto G. Gallarate)

13. Lombard workmanship, liturgical vestment and detail of decoration in crimson woven silk lampas and golden silver thread, late XVI century-early XVII century. Soriso, Parish church. (photograph G. Gallarate)

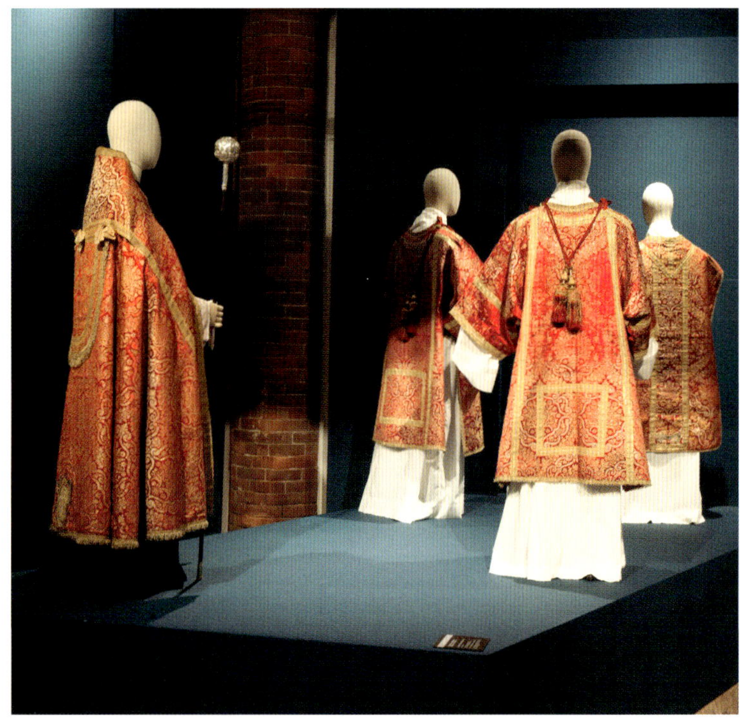

Era ricercato per la lucentezza della superficie e la morbidezza al tatto. Molto richiesti erano i velluti di Genova e quelli di Milano, di Venezia e di Firenze.
Negli abiti di *Santa Caterina d'Alessandria* (Madrid) abbondano l'impiego di velluto nero con galloni e velluto con motivi fogliati nero su nero.

Altri tessuti

Nei dipinti di Caravaggio è prodotta una sorta di rassegna delle tipologie tessili della seconda metà del Cinquecento - inizio del Seicento. Si pensi allo scamiciato della *Maddalena penitente* (fig. 13, p. 28) (Roma, Galleria Doria Pamphilj) confezionato con un tessuto dalla composizione speculare verticale di una opulenta anfora dalla pancia baccellata con motivi fogliati che la incorniciano. Il decoro risalta sul fondo chiaro forse un lampasso (un tessuto con due orditi, uno di fondo, l'altro supplementare) oppure un damasco bicolore, tecniche diffuse per i teli da arredo con questi motivi decorativi. Sullo scamiciato della Maddalena è annodato un grembiule che pare di damasco di seta con decoro a grandi rapporti, forse con motivi a pigna, come si usava molto nella metà del Cinquecento.
Un dipinto in cui si nota la preziosità e la raffinatezza dei materiali è quello della *Cortigiana* di Berlino) (figg. 18-19) con il corpetto dello scamiciato a bande orizzontali, con riferimento al ruolo sociale della donna, in velluto marrone e verde scuro, decorato con raffinati galloni dorati realizzati a fuselli.
Galloni dorati simili a quelli riprodotti nel *Ritratto di una cortigiana* (già Berlino) in argento dorato filato realizzati a fuselli sono da accostare ai galloni cinquecenteschi presenti a Oleggio (fig. 19) sulla pianeta di damasco verde chiaro. Motivi con l'anfora completa o con i motivi a capperi sono in voga dalla metà del Cinquecento e realizzati in lampasso o damasco bicolore come nel noto disegno fiorentino "a brocone con caperi" datato 1555, conservato in Archivio di Stato a Firenze e destinato alla Fiera di Francoforte[20], simile al frammento (inv. n. M00319-01) della Collezione del Museo Rubelli di Venezia.

Pizzi

Se il velluto è egregiamente riprodotto nella mozzetta rossa di papa Paolo V con il filetto d'ermellino, anche i pizzi sono magistralmente descritti sul rocchetto dello stesso Papa[21] che rimandano alla ricca collezione di merletti del Museo di Gandino[22].
Se i pizzi sui colletti, da quello del giovane nei *Bari* confezionato "à l'italienne"[23] sino ai raffinatissimi merletti ai polsini, nelle due versioni della *Buona ventura* sono esemplari del gusto del tempo anche i ricami dello scollo della camicia della *Cortigiana* denotano una raffinatezza della scelta dei punti e una buona disponibilità economica da parte del committente.
Nei dipinti del maestro non sono numerosi gli elementi di ri-

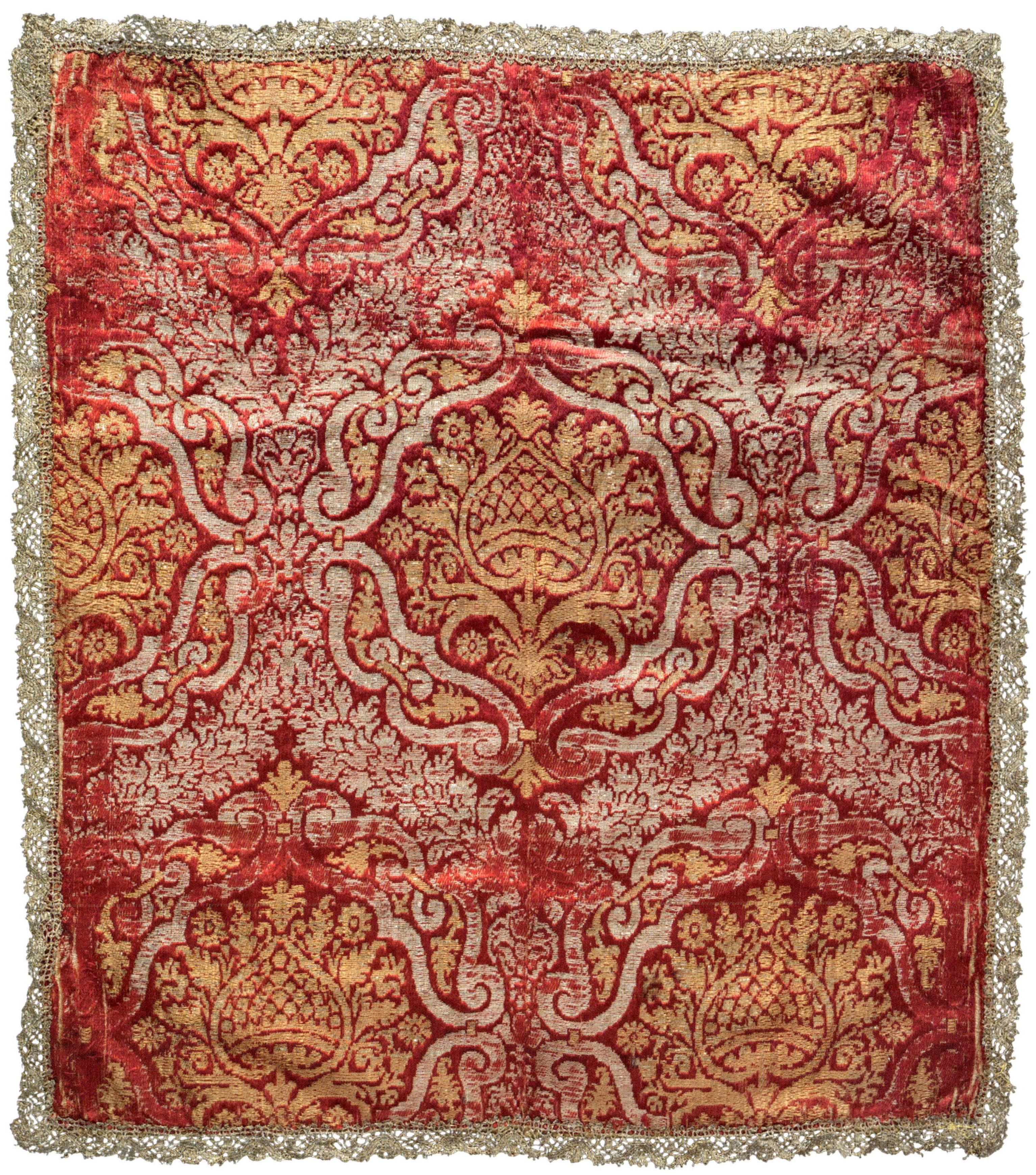

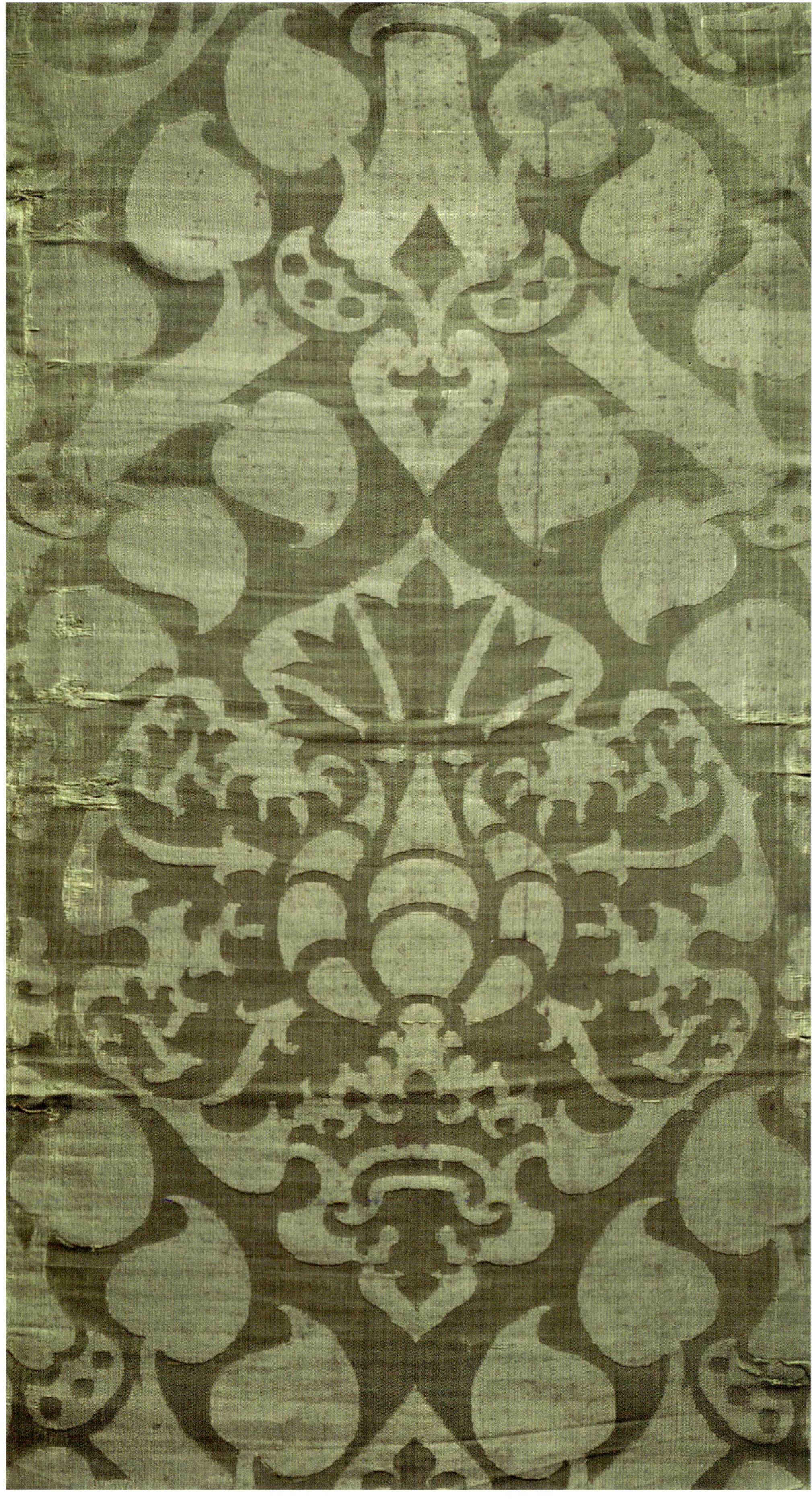

14. Manifattura italiana, frammento di damasco, terzo quarto del XVI secolo. Archivio Aziendale Rubelli S.p.A., Inv. N. M 00 319-01

14. Italian workmanship, fragment of damask, thrid quarter of XVI century. Archivio Aziendale Rubelli S.p.A., Inv. N. M 00 319-01

15. Manifattura italiana (lucchese?), particolare del paliotto in damasco rosso di seta, fine XVI-inizio XVII secolo. Miasino, chiesa parrocchiale
(foto G. Gallarate)

15. Italian workmanship (from Lucca?), detail of the antependium in red silk damask, late XVI century - early XVII century. Miasino, Parish church
(photograph G. Gallarate)

16. Manifattura italiana (lucchese?), particolare del paliotto in damasco rosso di seta, con ricamo, datato 1613. Nonio, chiesa parrocchiale (foto G. Gallarate)

16. Central Italy workmanship (from Lucca?), detail of the antependium in red silk damask, with embroidery, dated 1613. Nonio, Parish church (photograph G. Gallarate)

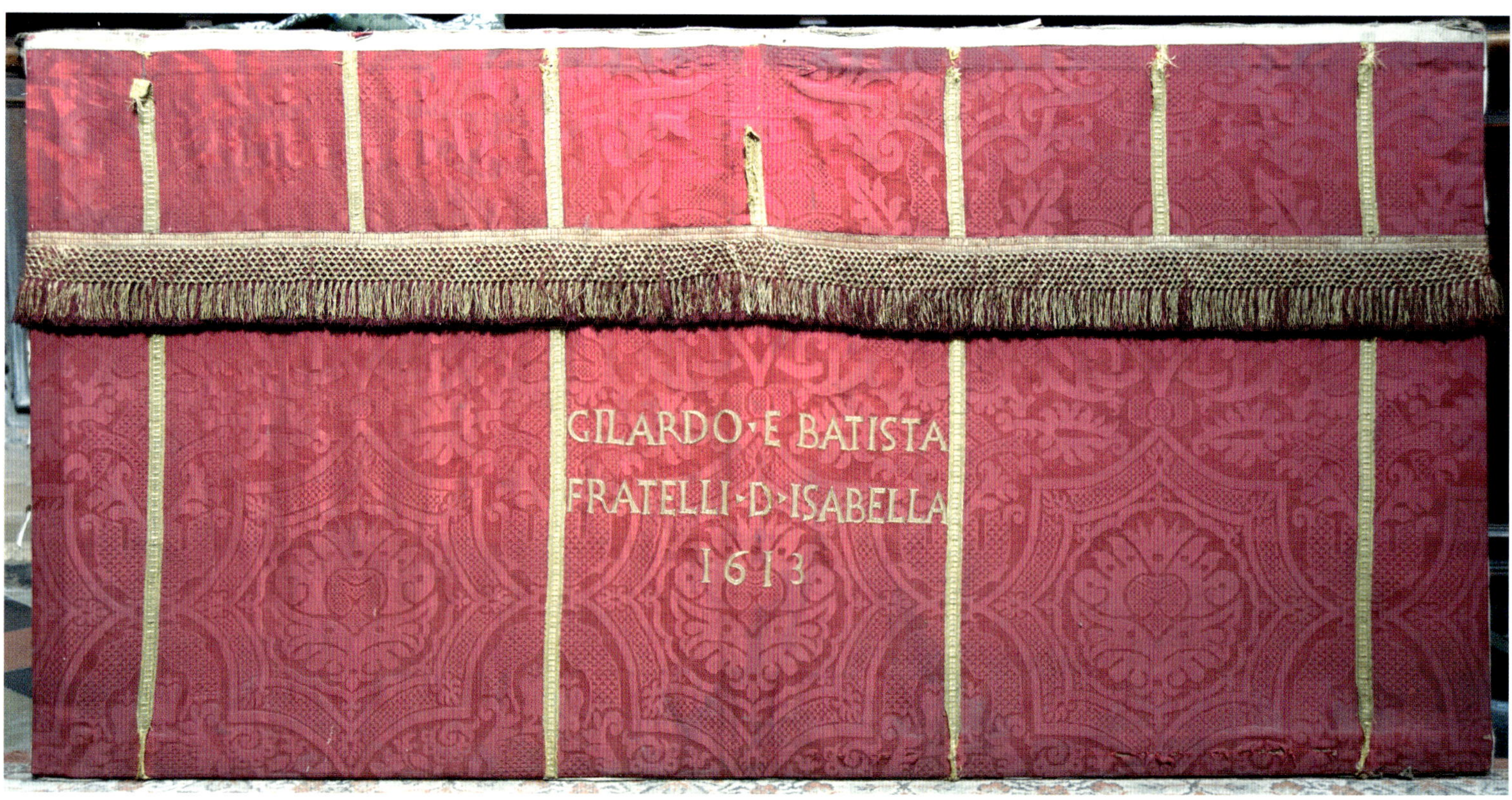

17. Manifattura italiana, piviale in damasco rosso, fine XVI - inizio XVII secolo. Cravagliana, chiesa parrocchiale

17. Italian workmanship, cope in red damask, late XVI century - start XVII century. Cravagliana, Parish church

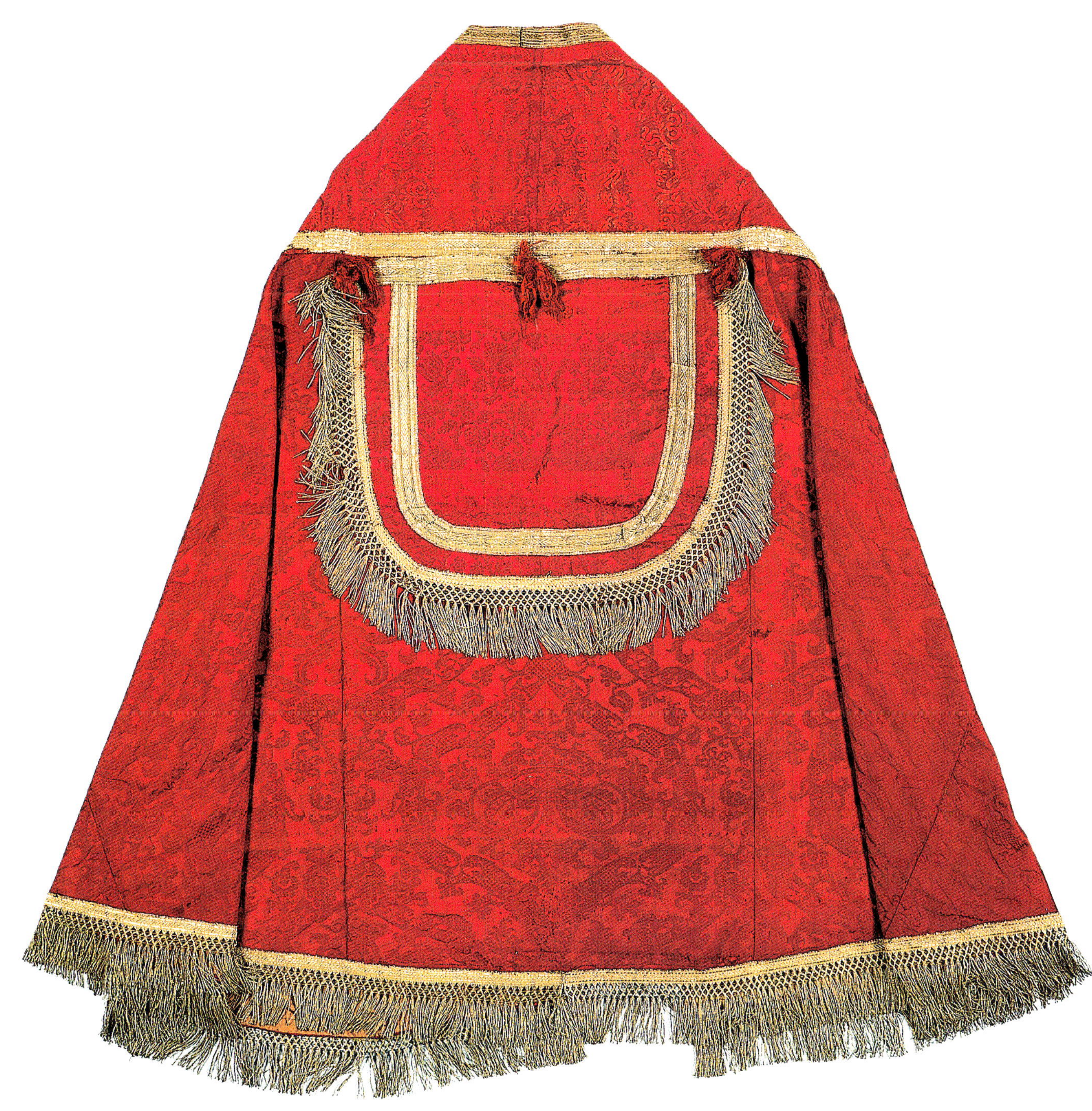

17. Tessuto in damasco, XVII secolo. Prato, Archivio Fotografico Museo del Tessuto, inv. n. 75.01.230 (*Lo stile dello Zar*, catalogo della mostra, Prato 2009)

17. Damask fabric, XVII century. Prato, Photograph Archives, Museo del Tessuto, inv. No. 75.01.230 (*Lo stile dello Zar*, exhibition catalogue, Prato, 2009)

ferimento alla moda, ma quelli proposti sono esemplari per il i modello e materiali in voga nella fine del Cinquecento - inizio Seicento: seta, damaschi, velluti.

Altri esempi

La composizione impostata a losanghe nel damasco (fig. 20) Pieve Vergonte con foglie a "S" che incorniciano un motivo "a spianzi" si collega ai motivi a losanghe realizzati anche con i velluti, come nel giubbone del giovane vestito alla francese seduto accanto a Matteo nella *Chiamata del Santo* (1599-1600), nel dipinto conservato in San Luigi dei Francesi a Roma.
La *Maddalena penitente* (Galleria Doria Pamphilj, Roma) è particolarmente interessante per l'abito, scamiciato e per la coprigonna-grembiule in damasco nocciola che lascia intravedere pochi elementi del decoro, impostato a grande rapporto. Le spalline e la gonna dello scamiciato mostrano chiaramente la composizione speculare ad anfora baccellata a grande rapporto, decoro di un tessuto impiegato sovente per le tappezzerie, ma pregiato per il materiale e la precisione della tessitura.
Sono ben curate le camicie in tela di lino bianco con i bordi ricamati in modo raffinato.
Santa Caterina d'Alessandria (Madrid, Museo Thyssen-Bornemisza) pare avvolta da una nuvola di velluto nero con galloni e il manto impreziosito con motivi fogliati nero su nero che affascinano per la raffinatezza d'esecuzione e suggerirebbero la tecnica del velluto stampato per impressione con interventi broccati dorati. Grandi drappi sono descritti (drappo rosso dei Colonna) nelle pale d'altare. Nella chiesa di Vallette il perizoma di san Gerolamo è egregiamente rappresentato con drappo rosso, simbolo del martirio.
Al periodo maltese (1607-1608) appartiene il ritratto del *Cavaliere dell'Ordine di Malta*, dall'identità discussa [24] e dopo il restauro il dipinto ha rivelato un gran cura per le rappresentazioni del tessuto, un raso(?) con cui è confezionata la croce bianca a otto punte con i riflessi ricchi della gamma di toni grigi e bianchi in risalto sulla veste nera.

18. Caravaggio, *Ritratto di cortigiana*, 1597 ca. (già Kaiser Friedrich Museum, Berlino)

18. Caravaggio, *Portrait of a Courtesan*, 1597 ca. (formerly Kaiser Friedrich Museum, Berlino)

19. Manifattura milanese, particolare dei galloni in argento dorato filato e della pianeta in damasco verde, fine XVI secolo. MAR - Oleggio (foto G. Gallarate)

19. Milanese workmanship, detail of galloons in golden silver thread and of the chasuble in green damask, late XVI century. MAR - Oleggio (photograph G. Gallarate)

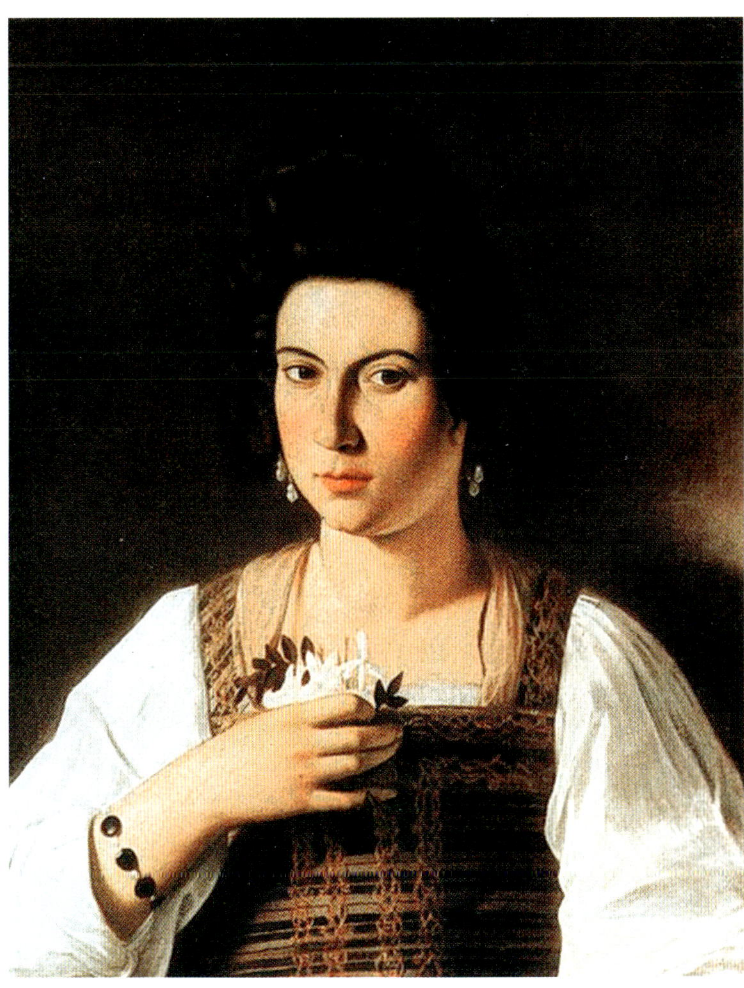

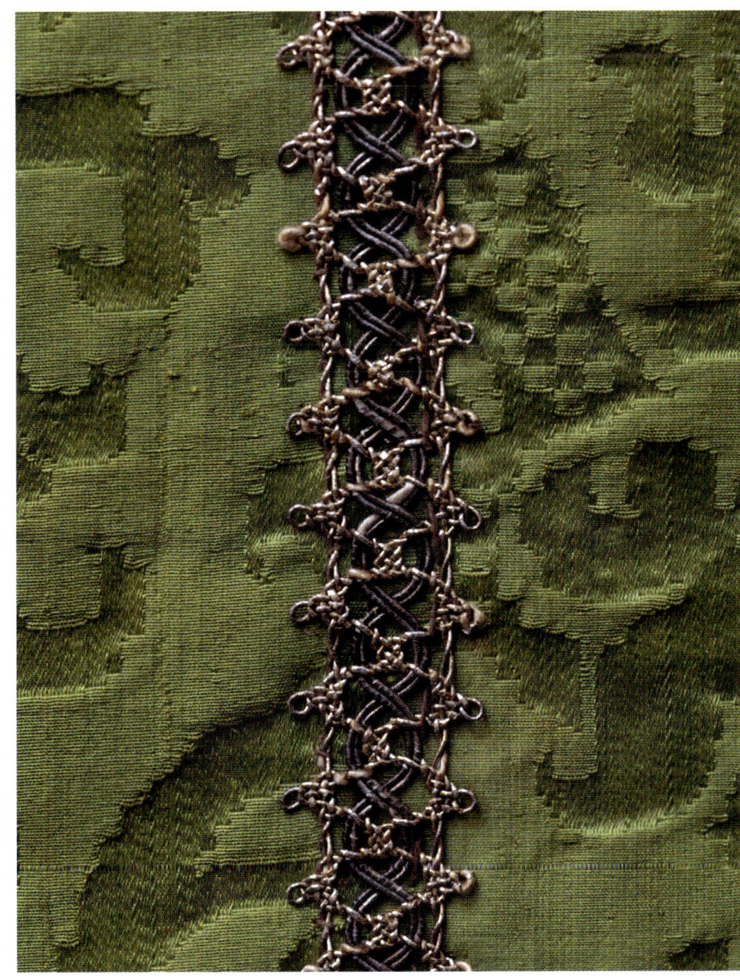

tifs also present in velvet fabrics, such as the *giubbone* of the young man dressed according to French fashion who is seated alongside Matthew in *The Calling of St Matthew* (1599-1600) in the painting preserved in the San Luigi dei Francesi Church in Rome.
The Penitent Magdalene (Doria Pamphilj Gallery in Rome) is particularly interesting for the sleeveless gown and for the pinafore-apron in hazelnut damask that allows a glimpse at a few of the decorative elements with great repeats. The shoulder straps and skirt of the gown clearly illustrate a mirrored composition with ribbed amphora of great repeats – decoration of a fabric often used for tapestries, but considered precious for its material and precise weaving technique.
The shirts in white linen fabric with elegantly embroidered hems are accurately made.
Saint Catherine of Alexandria (Madrid) seems to be enveloped in a cloud of black velvet with galloons and a cloak decorated with black on black leaf motifs, which are fascinating for their refined craftsmanship, suggesting a technique involving embossed velvet printing with golden brocade insertions.

20. Manifattura lombarda, velo da calice, fine XVI - inizio XVII secolo. Pieve Vergonte chiesa parrocchiale

20. Lombard workmanship, veil for glass, late XVI - start XVII century. Pieve Vergonte, Parish church

I tessuti raffigurati nei *Bari* testimoniano la bellezza delle sete di Milano nel Cinquecento: damaschi, lampassi e velluti, prodotti dal Rinascimento sino alla metà del Seicento quando Milano era passata, nel Quattrocento, dalla trasformazione dell'industria manifatturiera laniera a quella serica promossa dai Visconti e diventata l'asse portante della manifattura milanese. L'attività serica continuò sino a tutto il Cinquecento e alla prima metà del secolo seguente facendo il ducato milanese e, in seguito, il dominio spagnolo la capitale europea della produzione tessile sino al passaggio del testimone alla Francia[25].
Nei *Bari* Caravaggio, pur proponendo personaggi popolari, sembra rispettare, per la loro rappresentazione, quanto raccomandava per i ritratti dei nobili, Giovan Paolo Lomazzo nel *Trattato dell'arte della pittura* pubblicato nel 1584, "che il personaggio da ritrarre sia adeguatamente vestito come si addice al suo grado, giudicando l'abito uno dei segni distintivi della condizione sociale[26]. La condizione sociale modesta dei protagonisti dei *Bari* è riflessa nelle espressioni e negli abiti rappresentati, a memoria dell'esperienza lombarda e veneziana del pittore.

[1] Silvestri 1981, pp. 132-133.
[2] Fiori 2010, pp. 118-120.
[3] Fiori 2010, p. 140
[4] In Museo degli argenti, Firenze; si veda in: Collezione Gandini, 2010, p. 63.
[5] Buss 2011, pp. 86-87.
[6] Fiori 2013, pp.68-71.
[7] Opera inedita.
[8] Il frammento n. inv. AS1170 è della Fondazione Antonio Ratti, Museo dello Studio del Tessuto, Como.
[9] Vedi Modena, Archivio Fotografico del Museo Civico d'Arte, n. P2–00477.
[10] Per il motivo "Bascapè" si rimanda a Venturoli 1994, pp. 12-50.
[11] King, Levey 1993, p. 54.
[12] Pastoureau 1993-1999, pp. 41-66.
[13] Podreider 1928, pp. 29-30, 62.
[14] Devoti 1974, p. 29.
[15] Venturoli 1994, pp. 12-50 e Archivio capitolare del Duomo di Novara.
[16] Gandini 1993, pp.11-12.
[17] Degl'Innocenti, Lekhovic 2009. Simile a questo motivo decorativo è il tessuto n. 196 in Tuchscherer 1976.
[18] Ringrazio Roberta Orsi Landini per la cortesia dei suggerimenti.
[19] Bazzani 1981, pp. 82-85.
[20] Silvestri 2010, fig. 9, p. 74; G. Galasso 1993, p. 236.
[21] Cataldi Gallo 2013, p. 15.
[22] Schoenholzer Nichols, S. Tomasini 2012, p. 76.
[23] Vedi Butazzi 1968, p. 28.
[24] Bertelli, Bonsanti 2016, p. 130.
[25] Devoti 1974; Buss 2011, p. 265
[26] Gandini 2010, p. 76.

Large drapes are described in the altarpieces (red drape of the Colonna family).
Saint Jerome's loincloth in the Vallette Church is finely represented with a red drape, which is the symbol of martyrdom.
The portrait of the Grand Master of the Order of the Knights of Malta belongs to the Maltese period (1607–1608); its identification is a debated one[24] and, subsequent to its restoration, the painting has revealed great meticulousness in illustrating the fabric, namely the satin (?) used for the white eight-pointed cross with its reflections seeped in a whole range of greys and whites standing out against the black robe.
Fabrics depicted in *The Cardsharps* testify to the beauty of silk manufactured in Milan during the sixteenth century: damask, lampas and velvet produced from the Renaissance period to the mid-seventeenth century, when Milan (during the fifteenth century) transformed from wool manufacturing to satin, promoted by the Visconti family – who became a cornerstone in the Milanese fabric industry. Satin manufacturing activities continued all the way to the sixteenth century and the first half of the following one, rendering the Duchy of Milan (and later the Spanish dominion) the European capital of textile production – until the primacy was passed on to France.[25]
While proposing working-class characters, in *The Cardsharps* Caravaggio seems to comply in representing what Giovan Paolo Lomazzo in his "Trattato dell'arte della pittura" (published in 1584) recommended for portraits of the aristocracy: "Che il personaggio da ritrarre sia adeguatamente vestito come si addice al suo grado, giudicando l'abito uno dei segni distintivi della condizione sociale[26] (that the character to portray should be dressed according to what is fitting for his rank, clothing being one of the distinctive marks of one's social condition). The modest social class of the protagonists of *The Cardsharps* is mirrored in their expressions and in the clothes they wear, reminiscent of the artist's experience in Lombardy and in Venice.

[1] Silvestri 1981, pp. 132-133.
[2] Fiori 2010, pp. 118-120.
[3] Fiori 2010, p. 140
[4] In Museo degli argenti, Firenze; si veda in: Collezione Gandini, 2010, p. 63.
[5] Buss 2011, pp. 86-87.
[6] Fiori 2013, pp.68-71.
[7] Unpublished.
[8] Il fragment n. inv. AS1170 is property of the Fondazione Antonio Ratti, Museo dello Studio del Tessuto, Como.
[9] See Modena, Archivio Fotografico del Museo Civico d'Arte, n. P2–00477.
[10] For the motif "Bascapè" see: Venturoli 1994, as for the, pp. 12-50.
[11] King, Levey 1993, p. 54.
[12] Pastoureau 1993-1999, pp. 41-66.
[13] Podreider 1928, pp. 29-30, 62.
[14] Devoti 1974, p. 29.
[15] Venturoli 1994, pp.12-50 and Archivio capitolare del Duomo di Novara.
[16] Gandini 1993, pp.11-12.
[17] Degl'Innocenti, Lekhovic 2009. Similar to this decorative motif is the fabric n. 196 in Tuchscherer 1976.
[18] My gratitude goes to Roberta Orsi Landini for her kind suggestions.
[19] Bazzani 1981, pp. 82-85.
[20] Silvestri 2010, fig. 9, p. 74; G. Galasso 1993, p. 236.
[21] Cataldi Gallo 2013, p. 15.
[22] Schoenholzer Nichols, Tomasini 2012, p. 76.
[23] Vedi Butazzi 1968, p. 28.
[24] Bertelli, Bonsanti 2016, p. 130.
[25] Devoti 1974; Buss 2011, p. 265
[26] Gandini 2010, p. 76

THE SIR DENIS MAHON ESSAY PRIZE

The Sir Denis Mahon Essay Prize was established by Sir Denis' friends and colleagues in 2010 in honour and celebration of his 100th birthday. Sir Denis was one of the most distinguished art historians and collectors of the 20th century, and a determined campaigner and philanthropist. Sir Denis died on 24 April 2011 and it is now his Charitable Trust that runs the Prize.

The Sir Denis Mahon Essay Prize comprises an award of £1,000 for an essay of distinction which reflects Sir Denis' life and interests. Sir Denis' area of prime interest was the Seicento (17th century) paintings, and in particular the work of Guercino, Caravaggio and Nicolas Poussin.

Throughout his life and until his very last days, Sir Denis devoted a substantial amount of his time to help and encourage young students in the study of the art subjects in which he was most interested. The Prize aims to continue Sir Denis's endeavours in this respect. The prize is open to alumni who are 30 years of age or below when submitting their essay and who have completed their highest qualification within the past five years (only unpublished essays are eligible for submission.

The author of the prize-winning submission will be invited to present his/her essay and attend a reception in honour of Sir Denis. This year's prize will be presented at the Pinacoteca at Cento in November to commemorate Sir Denis's birthday wich was on the 8th November.

The Winner of the Sir Denis Mahon Essay Prize in 2015, which was held at the National Gallery of Ireland, was Anna Murphy. Her essay *'Every painter paints himself: self-portraiture and myth-making in the works of Caravaggio'* is published in this catalogue.

EVERY PAINTER PAINTS HIMSELF: SELF-PORTRAITURE AND MYTH-MAKING IN THE WORKS OF CARAVAGGIO

ANNA MURPHY

Somewhere between 1615 and 1673, Caravaggio became an archetype. Mythologised, Caravaggio lost some of his humanity but gained a signifying power as a morally and artistically bad artist.
– Philip Sohm, 'Caravaggio's Deaths'[1]

Caravaggio is an artist whose reputation precedes him. Over the centuries his life has been sensationalised, fictionalised, and – perhaps most importantly – implicated in his dark, dramatic and violent artworks, in both pop cultural and art historical discourses. These links constructed between Caravaggio's personal life and his art have, as David M. Stone notes, 'often gone unchallenged',[2] resulting in the notion that 'the man and his paintings were mirror images of one another'.[3] Caravaggio's self-portraiture in particular is often used to support these claims, further linking his rebellious, rule-breaking art with his rebellious, rule-breaking personality, with Simon Schama even going so far as to assert that 'every appearance he makes [in his paintings] is in the guise of sinner'.[4] This essay aims to look at Caravaggio's self-portraiture in its many guises afresh, and to consider the ways in which these paintings in particular have been manipulated by critics and art historians to reinforce what are by now rather typical and often superficial notions of the artist as dark, violent, supercilious, and mercurial (fig. 1). While there may be ample evidence to support such readings of Caravaggio the man, Caravaggio's self-portraiture is not among it; instead, the self-portraits reveal an astute and propagandistic portrayal of the artist and his many talents. It is only by deconstructing the popular 'Caravaggio myth' surrounding these works that we can fully explore the way in which it has been interwoven with, and imposed on, his self-portraiture, and, more significantly, can begin to reappraise these works and consider potential alternative interpretations and motives behind Caravaggio's very particular self-representation.

Caravaggio certainly has a great personal presence in his works, both explicitly and implicitly. He is 'an artist who enjoys reminding us he's there',[5] not through the use of formal self-portraiture (of which we find none) but through more performative and suggestive means. There are three categories of self-portraiture that I identify in Caravaggio's oeuvre. The first is what might be loosely deemed 'technical self-portraiture'; that is, Caravaggio's use of himself as a model, particularly in the early years of his career, in which he draws from the self without necessarily representing the self. Such use of an artist's own person – even as object, not subject – is always fraught, however, bringing with it its own set of implicit transactions, and it is interesting to note the way in which these early works self-referentially imply the artist behind them even in those instances when his own visage is not openly cited. The second conception of self-portraiture that I catalogue is that of the artist as character in the painting: the intentional, deliberate insertion

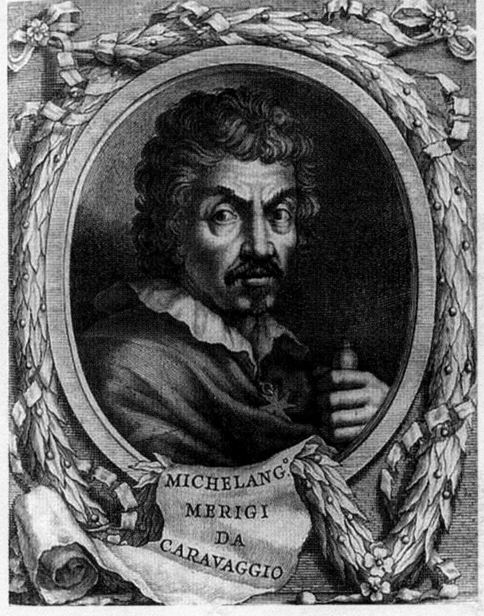

of himself into religious group scenes as a player or participant. This becomes particularly complex when we consider the roles he chooses for himself. The third notion of self-portraiture present in Caravaggio's works, which will not be discussed here but is nonetheless worth acknowledging as it clearly informs much of the literature on which I draw, is the idea that 'every painter paints himself'; that is, the Renaissance truism that all painting is a reflection of the artist's inner psyche and so, regardless of intention, such tenebrous, brutal scenes nakedly reveal Caravaggio's repressed and troubled mind.

It is important to note that though there is a limited catalogue of Caravaggio self-portraits, there is nonetheless significant dis-

1. Artist unknown, *Portrait of Caravaggio from Bellori's Lives of the Artists*, c. 1672

2. Caravaggio, *Bacchus*, oil on canvas, 95 x 85 cm, c. 1597. Florence, Uffizi Gallery

agreement among scholars as to which paintings are, or are not, representations of the artist. This is perhaps most prominent in discussions of Caravaggio's early works, where debates linger about the identities of the men painted in *Bacchus* (fig. 2), *The Musicians* (fig. 3), and *Boy Bitten by a Lizard* (fig. 4), to name but a few. These 'soft boys', as they are sometimes known,[6] are often thought to be drawn from a fellow artist and friend of Caravaggio, Mario Minniti, rather than from Caravaggio himself.[7] However, such accounts give little in the way of justification as to why these paintings are, or are not, bestowed with the status of self-portrait; ultimately, their inclusion in the realm of self-portraiture is dependent on the particular art historical theory being proposed. Such implicit agendas have had – and continue to have – a remarkable effect on the discourse surrounding these works and their assumptive assimilation into, or exclusion from, the canon of self-portraiture.

With this disclaimer in mind, I wish to turn first to the category of technical self-portraiture, the best exemplar of which is *Boy Bitten by a Lizard*. This work is one of the most divisive of Caravaggio's paintings with regard to traditional self-portraiture: some critics, such as Walter Friedlander and Rudolf Wittkower, believe Giovanni Baglione's remark that Caravaggio used a mirror when painting to mean that the resulting works are facsimiles of the artist's features; others, such as Roberto Longhi, argue that this same use of a mirror was instead just 'a means of isolating "pieces" or "blocks" of

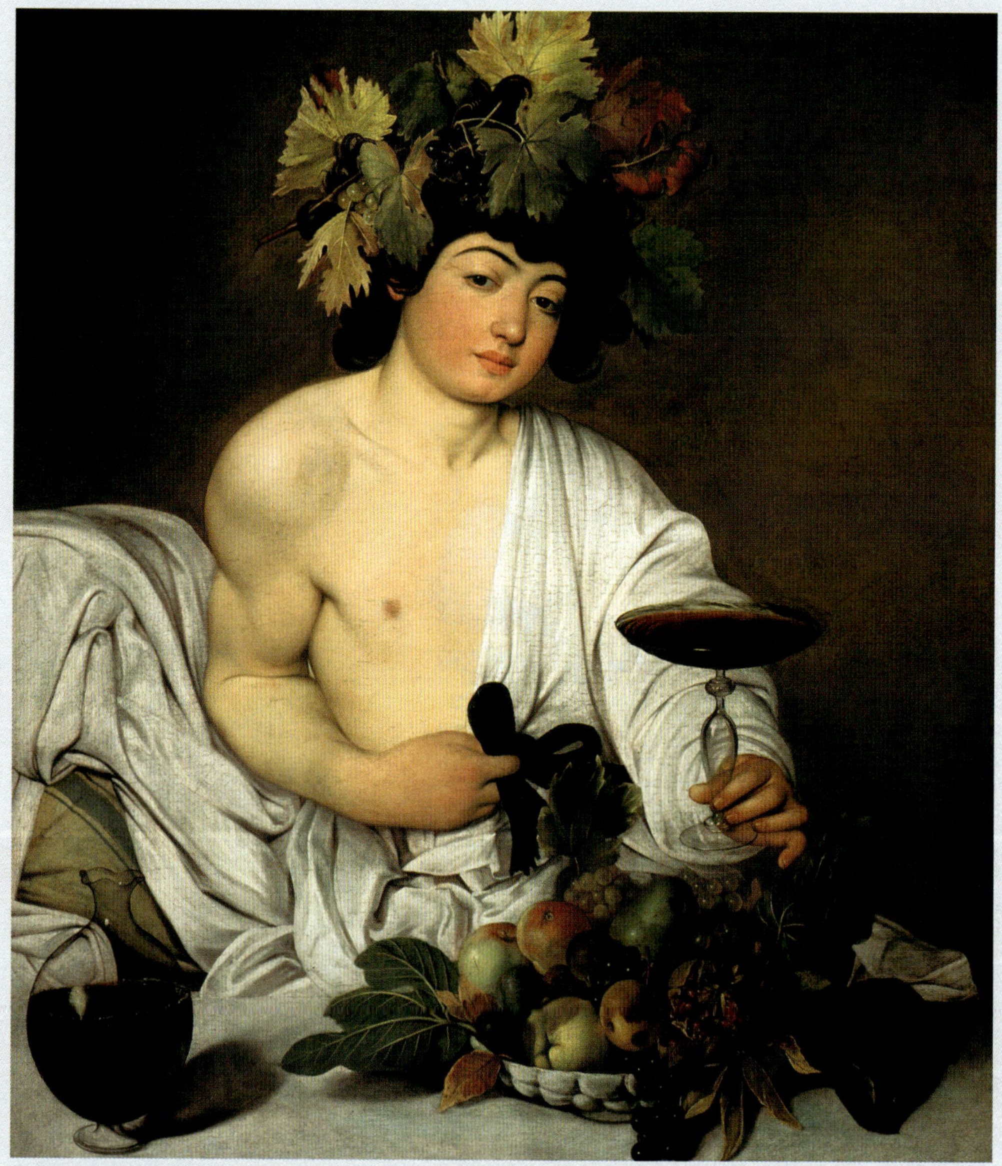

3. Caravaggio, *The Musicians*,
c. 1595, oil on canvas, 92 x 118.5 cm.
New York, Metropolitan Museum
of Art

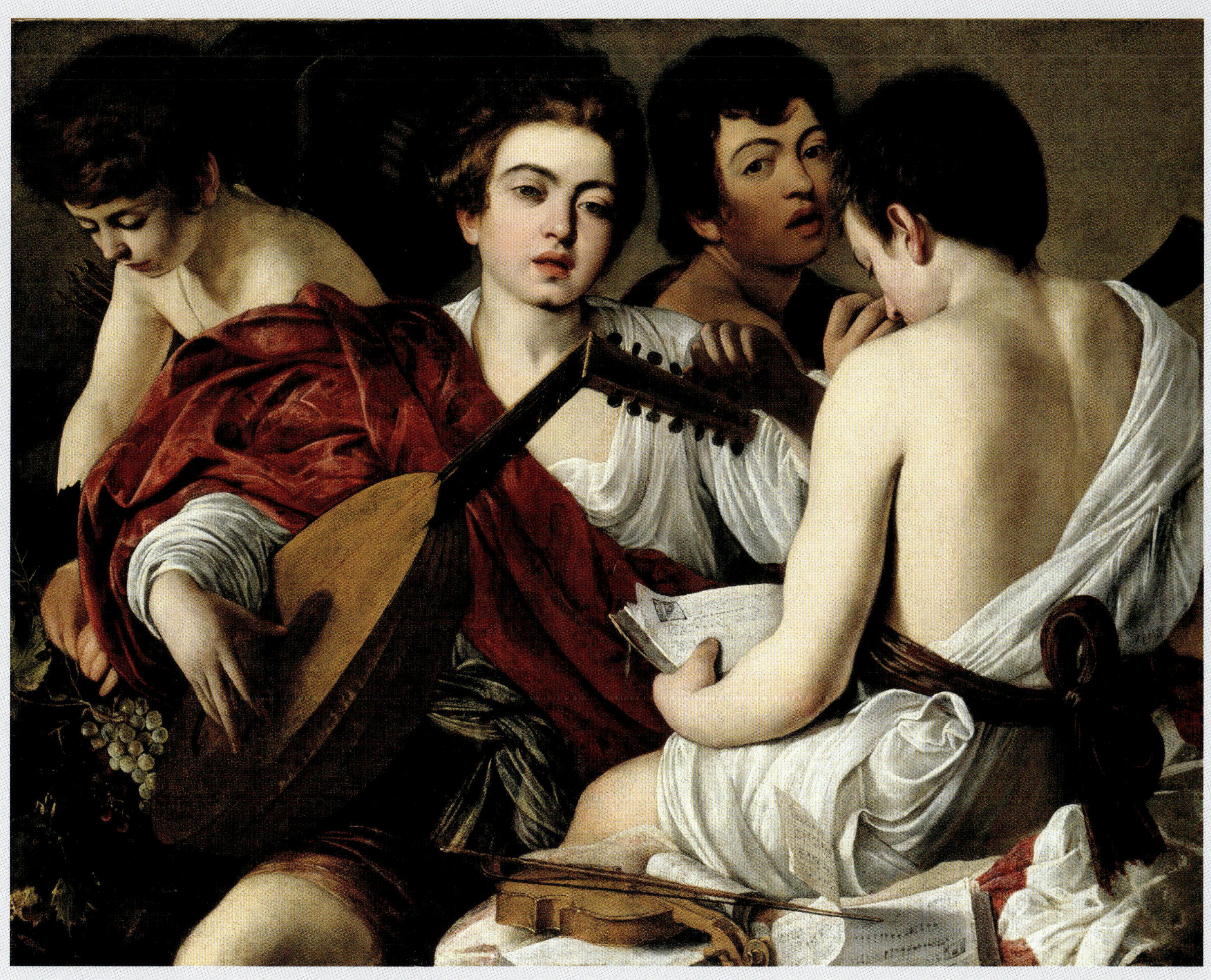

reality, thereby making them available for intense optical investigation' and was thus used to study, not recreate, the features of the artist.[8] Regardless of whether or not this work contains a direct transcript of the artist's appearance, however, Michael Fried reminds us that physical resemblance 'hardly begins to capture the complexities of the painting's relation to its maker'.[9] Fried argues that what we actually have in *Boy Bitten by a Lizard* is a disguised 'analogous mirror-representation of the painter in the act of painting his own self-portrait'.[10] Once noted, the similarities in gesture and positioning are striking; the same case can also be made for a number of his other figures (such as those in *Bacchus* and *The Taking of Christ*). Furthermore, that the artifice of this painting is constructed around the pose of the artist is not only ingenious as a technique, but also emphasises – as Caravaggio was wont to do – the utmost importance and centrality of the painter at all times, alluding to his omnipresence within the work. Another example of this – and of technical self-portraiture in general – can be found in the *Bacchus*. Caravaggio paints a tiny self portrait in the reflections on the glass of the carafe, again calling attention to the artifice of the painting, and to the presence of its maker behind it.

Caravaggio's use of himself as a model in *Boy Bitten by a Lizard* and other early works certainly may have stemmed from monetary necessity (that is, relative poverty),[11] but that it continued by choice suggests Caravaggio's desire for control over his paintings and his self-publicisation through art. While this is already apparent in the way he subliminally suggests his own status as creator in these works, if we are to assume that this is a self-portrait in the traditional sense, brief mention should also be given to the perceived self-fashioning present in this painting in particular. Several interpretations of the narrative exist, but the most prominent and convincing reading posits this painting as an analogy for sexual deviance: the fruits stand for sexual temptation, the bitten finger represents the wounded phallus,[12] the lizard becomes a sort of *vagina dentata*,[13] and the whole can be read as a warning against venereal disease.[14] But Caravaggio's presence here as the bitten boy does not, as Schama supposes, necessarily implicate him as a 'sinner'. The painting does not just languorously condone promiscuity or provocatively seek to titillate. In fact, it is quite the contrary, as it is essentially a prescriptive *vanitas* picture with its eroticism belied by 'the sourest of morals'.[15] What we see, then, is Caravaggio placing himself centrally, subtly emphasising the importance and ubiquity of the artist through pose (if not through facial representation), while also carefully constructing an image that flaunts drama, theatricality, and sex appeal even as it simultaneously contains these traits within a strict moral code. As Andrew Graham-Dixon notes, this is just the 'alibi' necessary for the 'higher Roman clergy [...] to enjoy – let alone purchase – a picture such as this'.[16] In this way, *Boy Bitten by a Lizard* is a particularly pertinent example of Caravaggio's very calculated self-fashioning at work, as it shows him taking into account not only his own representation but also ensuring that it conforms to the moral values of his audience – a far cry from the 'devil may care' attitude usually attributed to the artist in popular mythology.

Somewhere between the categories of technical self-portraiture and character self-portraiture lies another of Caravaggio's early works, *Sick Bacchus* (fig. 5), sometimes known as *Self-Portrait as Bacchus*. Both titles link the work to a biography of the artist: the latter does so explicitly, of course, but even the concept of the 'sick' Bacchus, seemingly divorced from Caravaggio himself and originating from a description of the figure's uneasy pallor, derives from Roberto Longhi's suggestion that the painting was made as an 'allegorical self-portrait just after [Caravaggio's] discharge from the hospital'.[17] Here, we can see the full and somewhat insidious extent of the insertion of biography into Caravaggio's paintings, as whether or not the Bacchus is sick completely affects our interpretation of the painting and the artist within it. There are a number of different readings of this complex work, each seemingly stemming from a different construction of Caravaggio. A stereotypical and not particularly nuanced reading, prone to sensationalism, might see this work as an affront to classicism: disobedient, dirty, unidealising, controversial, uncompromising, and difficult. Not surprisingly, these are all traits attributed to Caravaggio himself. By paint-

ing the Bacchus as sick, Caravaggio removes any traces of divinity and yet again strips the idealising artifice to reveal not a god, but a pallid, debauched youth, hungover or still drunk (just like Bacchus would be were he a real person), leering unsettlingly at the viewer. While readings like this emphasise the shock value of such a painting, however, they often overlook the underlying meaning implied by it, as, like *Boy Bitten by a Lizard*, this also has a moralising tone, warning against Bacchic or sensual excess in what is ultimately a rather Christian and pious way.

Other readings of this work, such as David M. Stone's, focus on the brazenness of Caravaggio's self-representation here, insisting that he was purposefully responding, tongue firmly in cheek, to his critics who 'could not have failed to hiss with glee at seeing Caravaggio [...] portrayed as the god of self-gratification and drunken excess'.[18] This, too, seeks to dramatise Caravaggio, not as the insolent rule-breaker but as the rebellious, untameable artist: contrary and inflammatory, but ultimately very self-aware and very much in control of his purposeful self-fashioning. Andrew Graham-Dixon, on the other hand, challenges the typical stance by suggesting that the Caravaggio figure is not sick at all but is merely bathed in moonlight, the typical atmospheric conditions for Bacchic celebrations. He proposes instead that the self-dramatisation here is not retaliatory but self-promotional, noting that 'Bacchus is an apt alter ego for an artist, because according to his legend he is subject to fits of divine inspiration';[19] at the same time, 'he also stands for disorder, anarchy, [and] an unruly surrender to the senses',[20] traits which could be inferred as being further relevant to Caravaggio in particular. Graham-Dixon also suggests that Caravaggio is drawing on earlier precedents of artists representing themselves as Bacchus;[21] in this way, we can see Caravaggio's use of the Bacchus motif as a method of inserting himself into an art historical tradition, kindling a spirit of comparison and competition with other artists and traditions. Overall, Graham-Dixon believes that *Sick Bacchus* has something of the 'personal manifesto' about it, '[announcing] Caravaggio's spirit of unruly unpredictability, and [showing] for the first time the face of a man quite capable of overthrowing the tired artistic conventions of his time'.[22] Finally, this painting also contains another instance of Fried's 'painter's pose', subtly echoing the artist's twisted body as he turns from mirror to canvas with both hands raised as though to paint.[23]

We see, then, that as more and more hypotheses converge, *Sick Bacchus* becomes a conglomerate mass of thoughts, theories and ideas about the painting itself and the artist behind it. Nonetheless, what remains apparent in all is that this painting, in all its layered and multifaceted complexity, is a prime example of the many ways in which Caravaggio's self-portraiture revolves around emphasising the importance and distinction of the artist. Perhaps more pertinently still, however, it also highlights the way in which such works can be manipulated and reinterpreted depending on the viewer's critical stance.

There is a more direct manifesto to be found in *Medusa* (fig. 6). Again, its status as a literal self-portrait is somewhat dubious – like *Boy Bitten by a Lizard*, it is another of the paintings Baglione claims were made with the use of a mirror – but there can be no doubt about its psychic and thematic (if not physical) link to its maker. This is Caravaggio's ultimate statement of realism, skill and artistic merit; so much so that Graham-Dixon considers it 'his own emblem, or *impresa*'.[24] It is a painting that '[transcends] painting [to] become the very thing that it depicts';[25] not a fiction but the mirrored shield itself, used by Perseus to kill the Medusa. This spectacular feat of workmanship makes the audacious statement that Caravaggio's art is so realistic as to be, like the shield of the legend, a mirror, a direct and exact transcription from life. As well as highlighting his incredible realism and technical skill, the work also cites and challenges Leonardo da Vinci, who had previously painted the figure of Medusa and whose resulting work was in Florence in the collection of the Medicis, just as Caravaggio's would be.[26] This painting is yet another example of not only Caravaggio's shrewd self-fashioning and foregrounding of his artistic skill (particularly in relation to other artistic greats), but also of his aforementioned awareness – and flattery – of his audience. The Medusa shield both displays his own skills and compliments its owner by transforming him into the hero Perseus.[27]

4. Caravaggio, *Boy Bitten by a Lizard*, c. 1595-7, oil on canvas, 66 x 49.5 cm. London, National Gallery

5. Caravaggio, *Sick Bacchus*, c. 1593-94, oil on canvas, 67 x 53 cm. Rome, Galleria Borghese

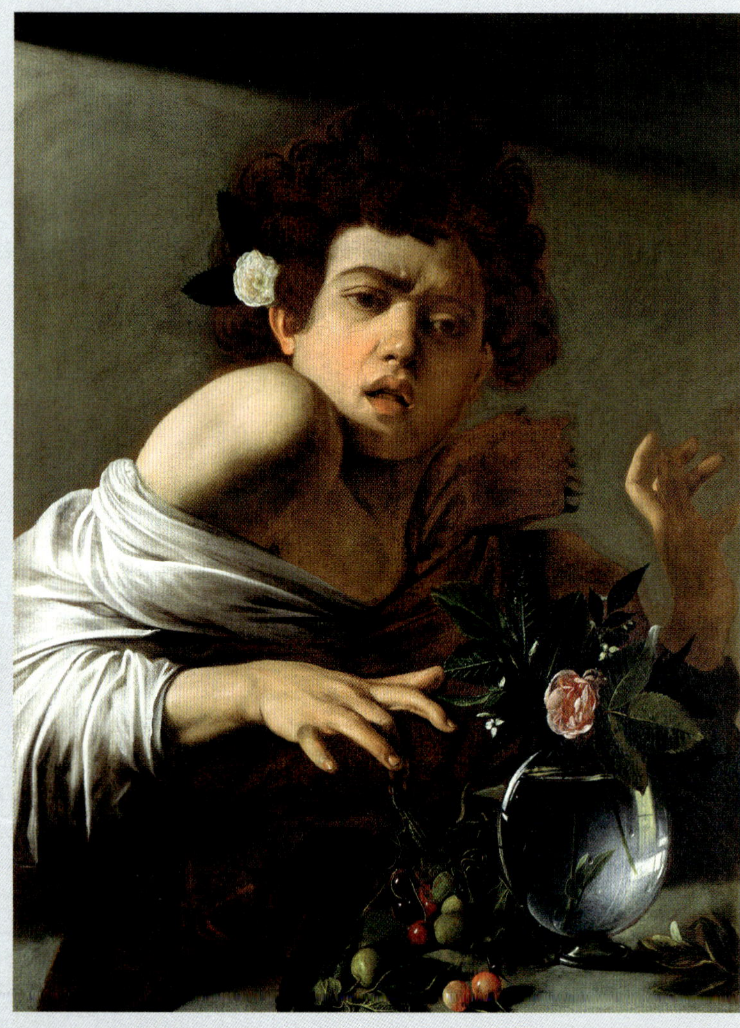

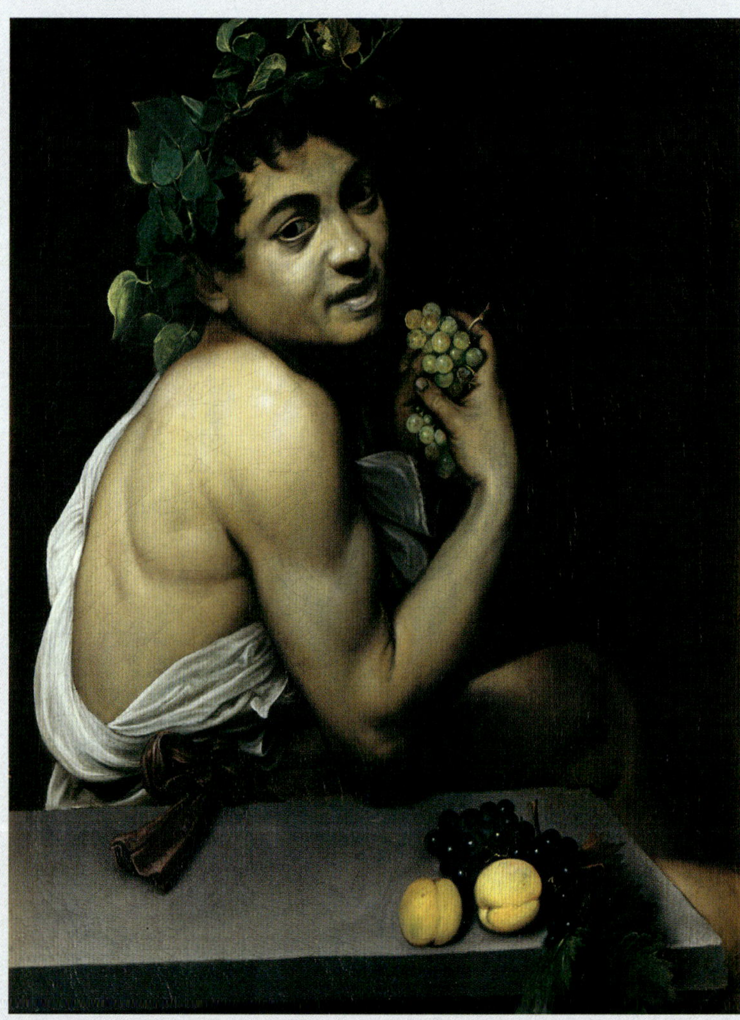

Caravaggio's identification and association with the figure of Medusa, therefore, is not an identification with the monstrous or with a sinner, and it is certainly not a 'self-identification with decapitation [as] the sign of a self-destructive personality or a castration complex',[28] all theories which highlight the desire to read Caravaggio as self-destructive, guilty, and even psychologically or sexually damaged. In actuality, this alignment is a carefully crafted artistic statement: Caravaggio is declaring that he, like the Medusa, 'takes a moment and makes it last for all time. [...] Her magic is his magic, a petrifying art'.[29]
Caravaggio's presence in these early works, then, places emphasis on the artist above all, echoing his presence and importance through pose and association with related, revealing characters from mythology. His incognito appearances as tempted youth, chaotic god and beheaded Gorgon are perhaps eyebrow-raising but never as unabashedly controversial as popular critics

6. Caravaggio, *Medusa*, c. 1597, oil on canvas, 60 x 55 cm. Florence, Uffizi Gallery

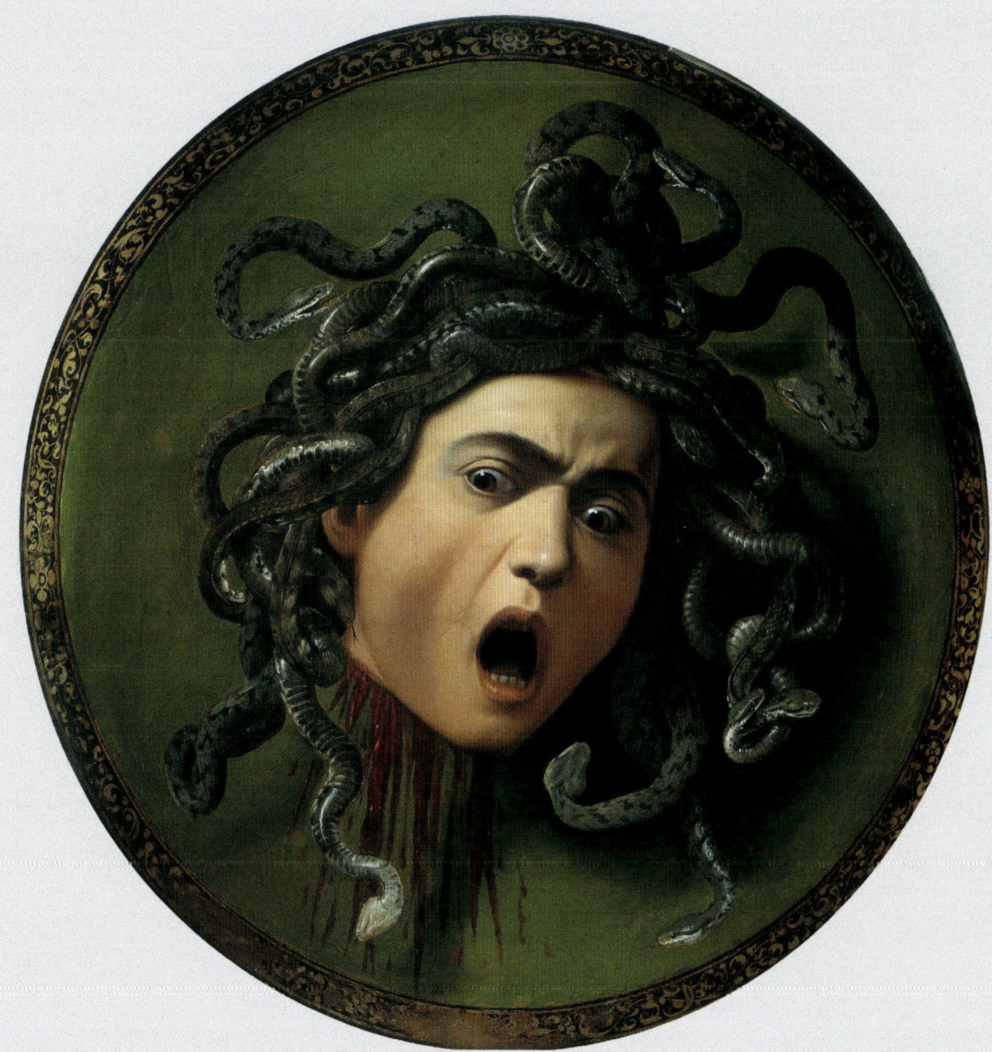

seem to wish they were, and all have intelligent self-promotional links to the artist, espousing his religious morals, his artistic temperament and his compelling realism respectively. There is a significant shift between these early works and the category of 'character' self-portraiture, which is how Caravaggio appears to us in the majority of his later works, however; while the aforementioned paintings were all portraits of individuals (therefore allowing for a greater prioritisation of the self), a different set of transactions and meanings comes into play – and is adeptly obeyed by the artist – when we consider Caravaggio's presence in these religious group scenes.

The first of these religious scenes is *The Martyrdom of St. Matthew* (fig. 7). Caravaggio's presence here is frequently described as the artist portraying himself fleeing selfishly from the scene at hand, '[s]weaty, dishevelled, [with his] hair matted [and] brows knitted'.[30] The impetus in Caravaggio criticism seems to be to read these 'witness' pictures – amongst which we can also count *The Taking of Christ* (fig. 8) and *The Martyrdom of St. Ursula* (fig. 9) – as the manifestation of Caravaggio's own personal guilt and shame, an atonement for the way he lived and the many crimes he committed. This is, I assert, merely wishful thinking, for as Stone remarks, 'the more we know about Caravaggio from documentary sources, the less penitent an individual he appears to have been'.[31] The desire to read in these self-portraits the remorse of a guilty man also seems to work backwards from the murder he would later commit, as though hoping to find traces of expiation even before the crime. Rather, I argue that these witness-portraits portray not a personal guilt, but a more mundane Christian guilt. Caravaggio is contrasting himself modestly with the saints, aware that he too would have done nothing and 'fled like the others, leaving the martyr to his fate'.[32] Any cowardice he dramatises here is a form of Christian repentance regarding his helplessness to prevent St. Matthew's death, not the manifestation of his own personal and biographical shame, and Caravaggio's

8. Caravaggio, *The Taking of Christ*,
c. 1602, oil on canvas,
133.5 x 169.5 cm. Dublin,
National Gallery of Ireland

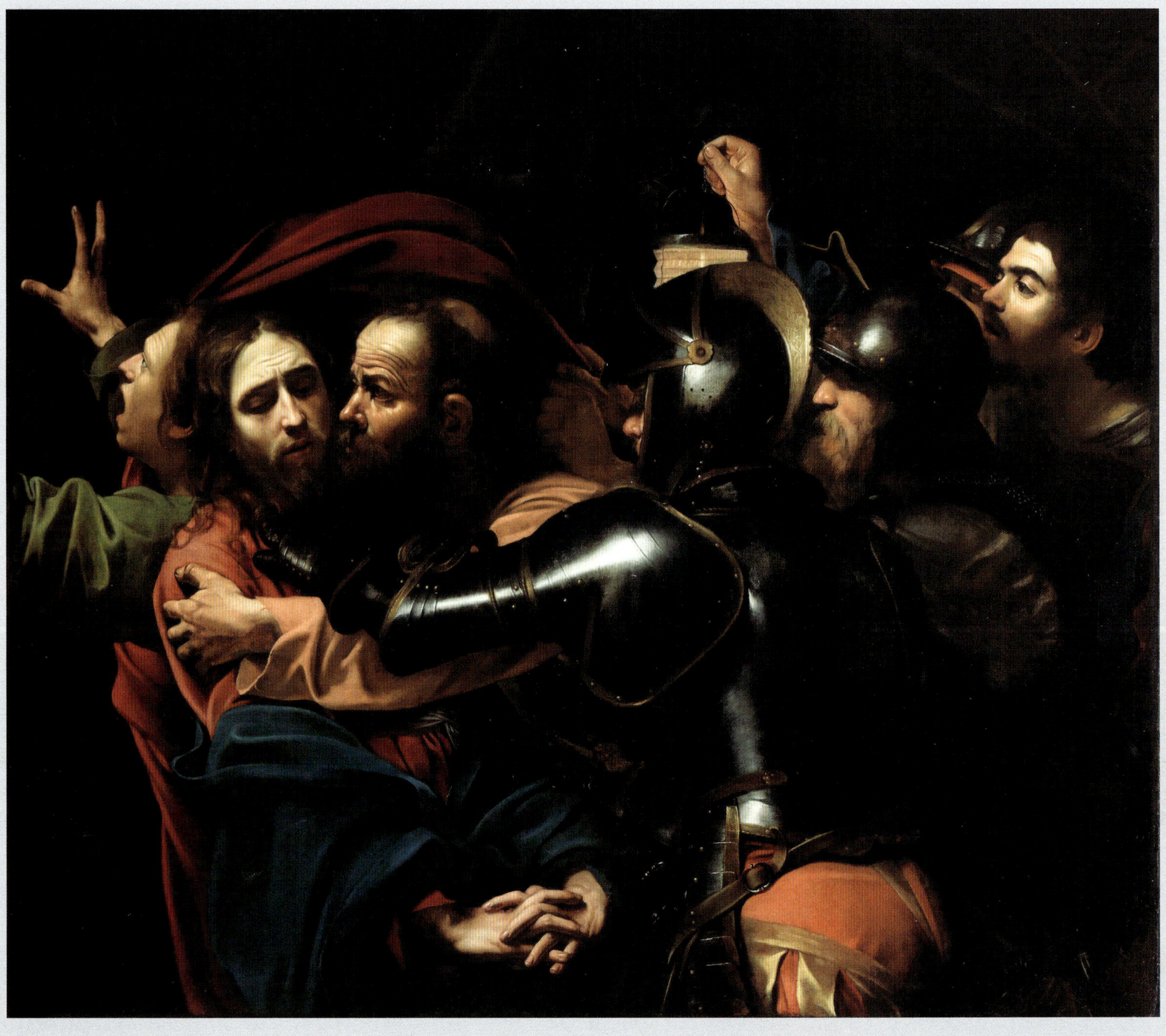

9. Caravaggio, *The Martyrdom of St. Ursula*, c. 1610, oil on canvas, 154 x 178 cm. Stigliano, Naples, Galleria di Palazzo Zevallos

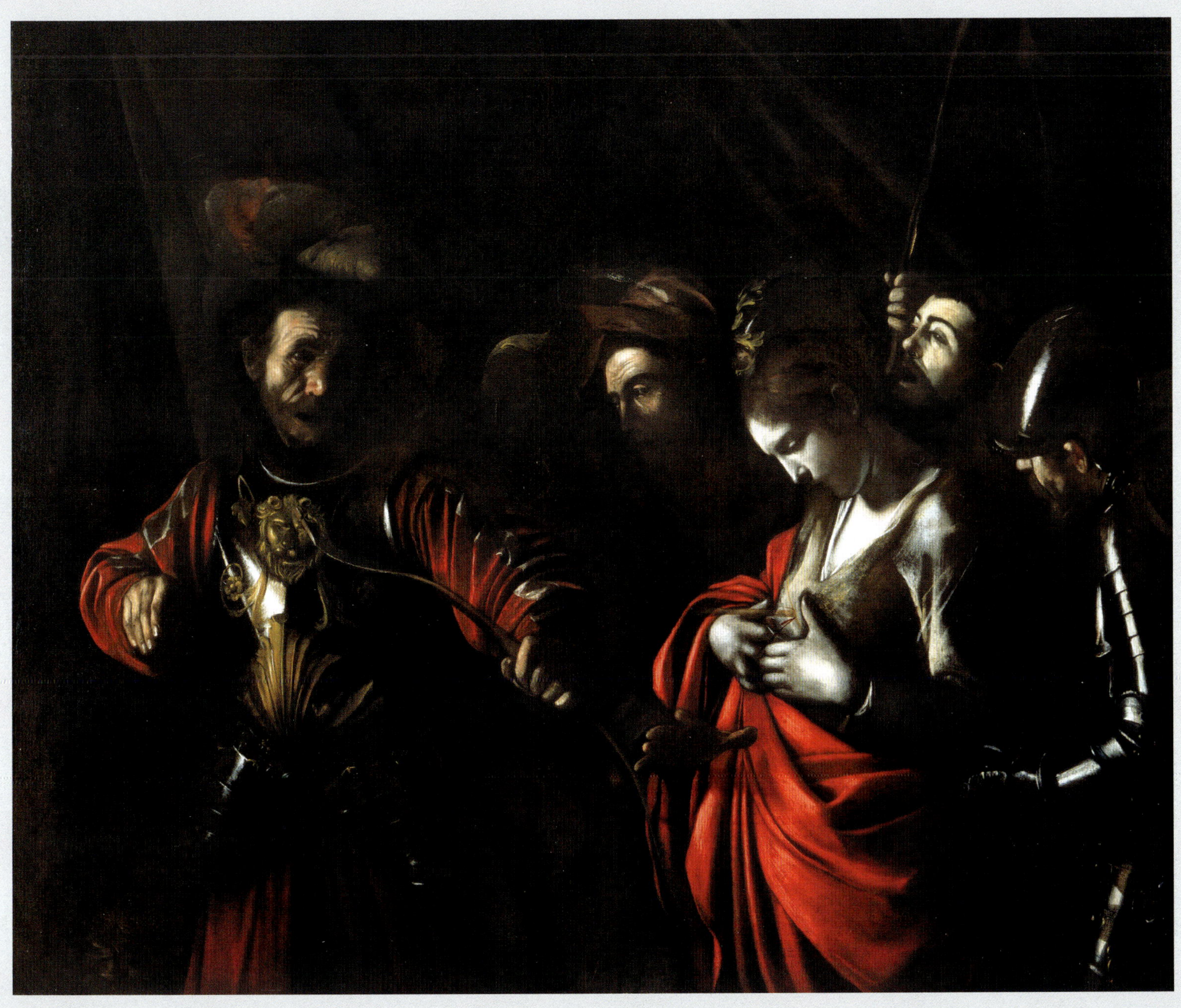

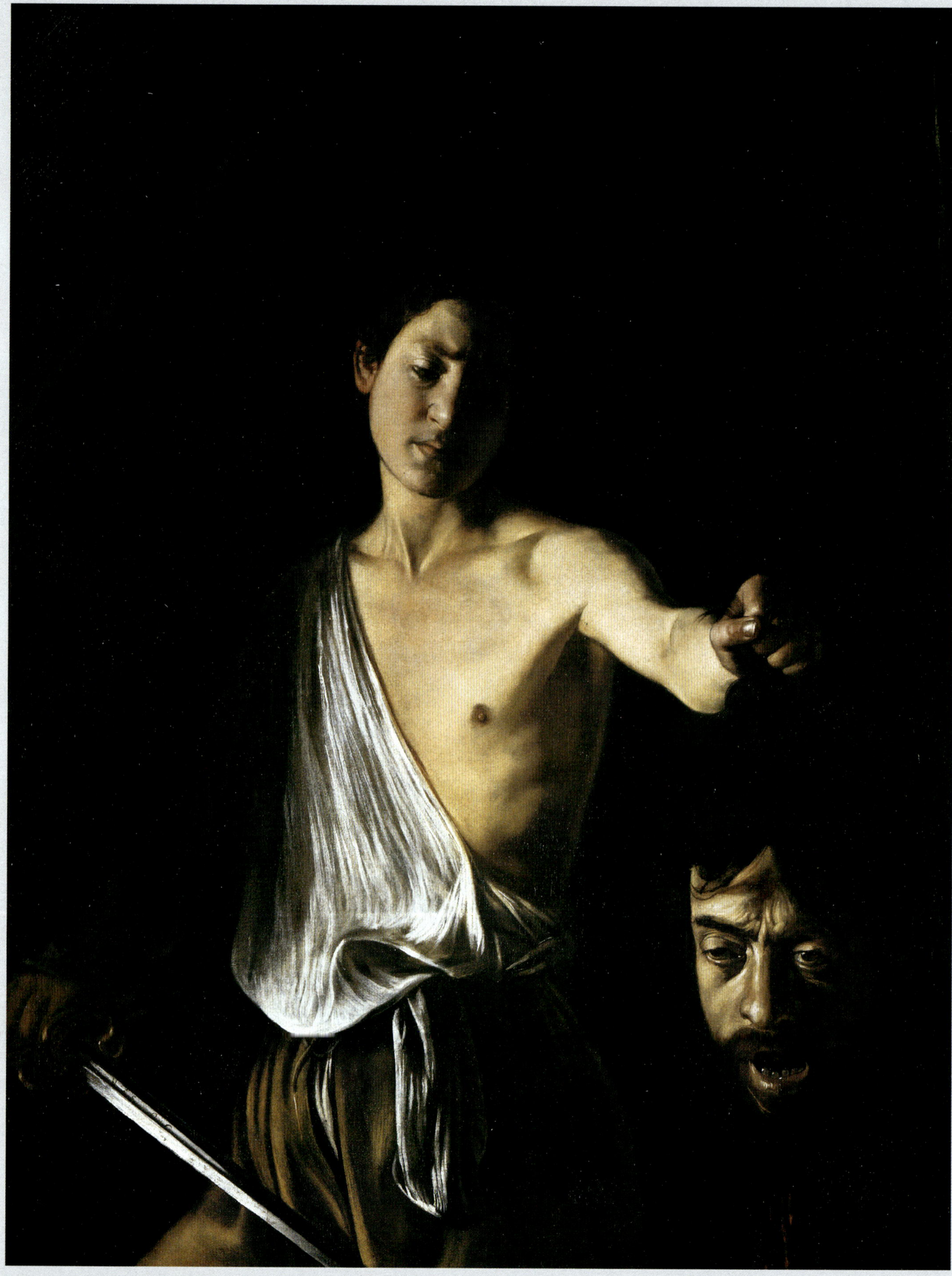

10. Caravaggio, *David with the Head of Goliath*, c. 1606-1610, oil on canvas, 125 x 101 cm. Rome, Galleria Borghese

11. Caravaggio, *St Francis in Ecstasy*, c. 1595, oil on canvas, 92.5 x 127.8 cm. Connecticut, Wadsworth Atheneum

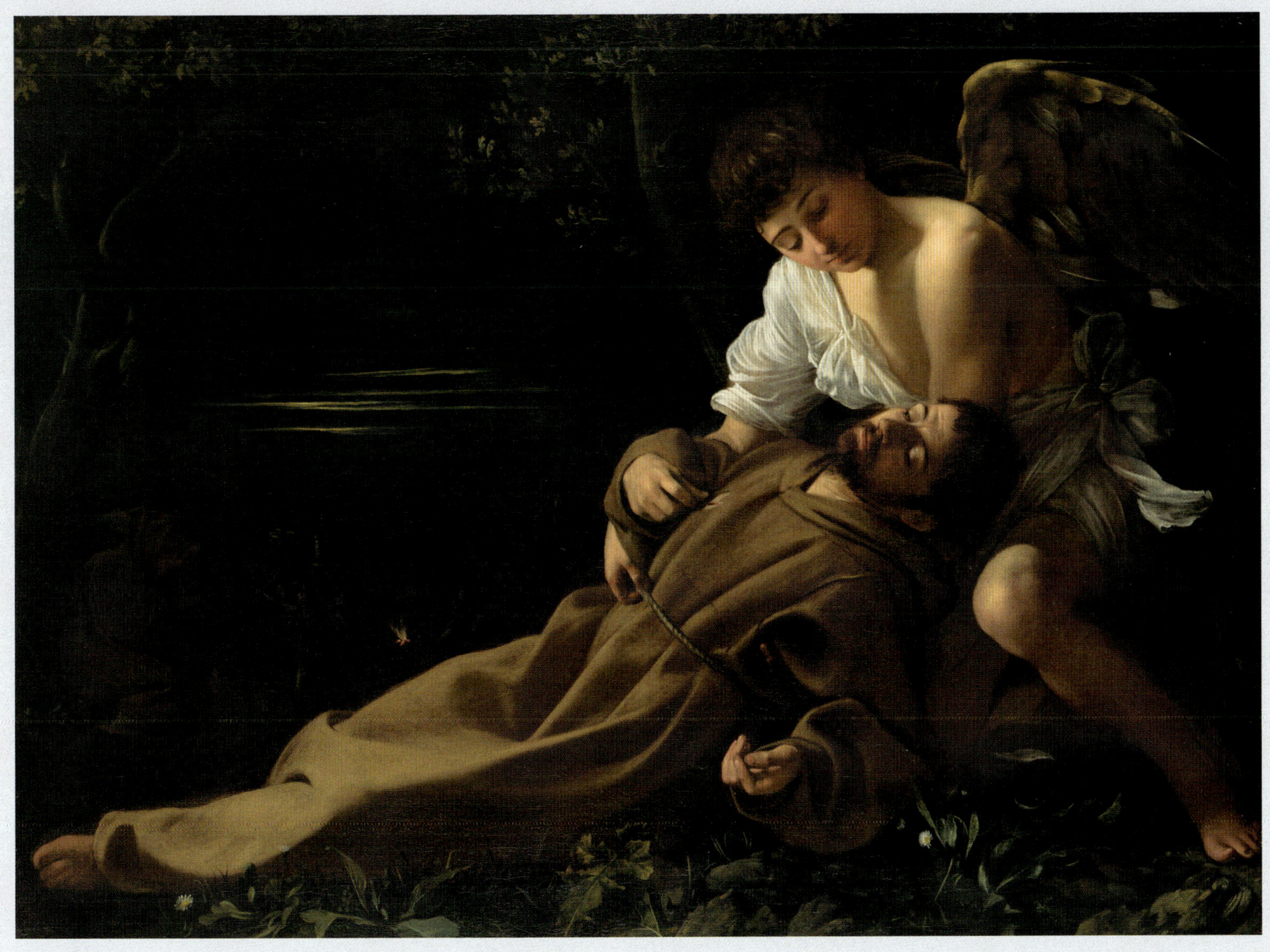

regretful expression and outstretched hand betray the deep sorrow stirred in him by the martyr's fate (rather than a guilty contemplation of his own). By portraying himself leaving the scene, and not in a more grandiose guise, Caravaggio relegates himself to the appropriate penitent and humble position, validating his Christianity in a way that presenting himself as noble bystander or hero would not. Nonetheless, it is worth bearing in mind that his self-fashioning as a devout, albeit flawed, Christian is just that: self-fashioning, a construct that attempts to promote the image of Caravaggio as pious and religious.

Caravaggio – or rather, the character he plays – has a more active presence in *The Taking of Christ*. Some critics have noticed how he is twinned with Judas, compositionally and functionally, with 'both seeking to "light up" the figure of Christ' and both featured in profile facing the left.[33] He is part of the movement from the right to capture Christ, with the lamp he holds no doubt helping to achieve this; in this way, it is easily possible to read him as being a guilty sinner, implicated in the treacherous act. However, in another and more significant sense, Caravaggio's light is analogous to his act of painting. Indeed, as though to reinforce this, the lamp that his character holds is purely compositional and symbolic, rather than functional, as it is not a true light source in the painting. Furthermore, to return to Fried's aforementioned theory, Caravaggio's pose clearly seems to imply the act of painting, and his hand could just as easily be imagined with a paintbrush as with a lamp. In this way, his witnessing is a testament to his artistic vision and realism, 'his way of proclaiming that he really did see it all unfold, just like this, in his mind's eye'.[34] Philip Sohm also reads this painting as a statement of self-importance on the part of the artist, remarking that:

'Caravaggio might be seen as casting himself ...as a latter-day Diogenes seeking redemption and casting light on a deceptive and morally dark world. In this reading, however hypothetical it may be, Caravaggio presents himself not as the dark painter who came into the world to "destroy painting" but as another Carracci, saviour of art, who shines the light of truth into Mannerist obscurity.'[35]

The artist is depicting himself as the illuminator of history and truth, a faithful scribe of the life of Christ. More audaciously, he could even be seen to be comparing himself to Christ himself, 'the Light of the World'.

Perhaps the most prominent and loaded of all Caravaggio's self-portraits is *David with the Head of Goliath* (fig. 10), in which he appears in the guise of the ogre. Often dated to the end of the artist's life, it seems more convincing that the painting was actually made in 1606, as argued by both Graham-Dixon and Stone, though Stone believes that it was made even before Caravaggio's murder of Ranuccio Tomassoni.[36] Those interpretations that date it to the end of the artist's life, or otherwise ally it with his act of murder, often read, as Stone says, 'Caravaggio's self-mutilation in the Borghese *David* as an act of contrition for his crime, a final humiliation and submission to divine judgment'.[37] Similarly, Simon Schama sees in the *David* 'a bid for understanding – not just from the cardinals and the Pope, but from us, and perhaps from himself'.[38] Again, we can see the seemingly overwhelming desire to read these works as soul-searchingly introspective, doubtful, penitent, and somehow indicative of a tortured interiority. While this makes for an unarguably compelling reading, it seems just as likely that these paintings were made as more calculated, self-aware manipulations. Stone interprets it as Caravaggio 'openly [mocking] his detractors by this outrageous gesture of casting himself as a grimacing, screaming, bleeding, and bodiless Goliath',[39] similar to his self-portrayal as Bacchus, whereas Graham-Dixon believes it was a 'darkly ingenious plea to the one man who could save him: his way of saying that [Cardinal Scipione] Borghese was welcome to have his head in a painting, if only he would let him keep it in real life'.[40] The 'Caravaggio myth' seeks to foreclose such a possibility that the remorse depicted here could be a fiction, preferring to regard it as somehow '"bubbling up" from some repressed area of his personality'[41] and thus either a sign of some internal criminal justice being served or an indicator of the humanity previously disavowed by the act of murder. All that is really achieved by this, however, is a mass denial of Caravaggio's own agency and control over his self-representation, ironically making the viewer more susceptible to Caravaggio's beautifully crafted – and

crafty – manipulations. Regardless of how unsavoury such an idea might appear to an audience seeking emotional closure, the prospect remains that he is not penitent, but performing.

By way of conclusion, I wish to remark briefly on Caravaggio's tender painting, *St Francis in Ecstasy* (fig. 11), which Graham-Dixon proposes is another of the artist's self-portraits. When noted, the resemblance is indeed striking; so striking, in fact, that it seems remarkable that it has not been suggested as such before. Arguably, this is because such self-fashioning problematically disrupts the typical image of Caravaggio and reasserts the artist's power over his own depiction. Instead of portraying himself as a guilty, repentant sinner – or at least in some guise that allows such a reading to be imposed on it – Caravaggio can be seen to show himself as devout, religious, and even saintly, the absolute antithesis of the myth. This is the complete opposite of how many viewers, including art historians, see (and want to see) the sensationalised figure of Caravaggio, and so they remain blind to it. Ultimately, this reinforces my earlier point that the designation of 'self-portrait' is not objective, or even based on physical resemblance, but thoroughly dictated by the motives of the art historian wielding the picture. *St. Francis in Ecstasy* is yet another example of the extent to which biography and criticism inflect our identification and, of course, interpretation of Caravaggio's self-portraits. When faced with the paintings themselves, however, it is not so easy to reduce Caravaggio to the myth; tempting though it may be to see him as tempestuous, penitent, and a victim of his melodramatic life, his works reveal more. Caravaggio the artist may have been reappropriated by his biography, but his strong self-fashioning still declaims his assertive, manipulative, and self-aware presence.

[1] P. Sohm: 'Caravaggio's Deaths', *The Art Bulletin* Vol. 84, No. 3 (2002), p.454.
[2] D. M. Stone: 'Self and Myth in Caravaggio's *David and Goliath*', in G. Warwick, ed.: *Caravaggio: Realism, Rebellion, Reception*, United States 2006, p.36.
[3] *Ibid.*, p.36.
[4] S. Schama: *The Power of Art*, Great Britain 2006, p.20.
[5] *Ibid.*, p.20.
[6] M. Fried, 'Thoughts on Caravaggio', *Critical Inquiry* 24, no. 1 (1997), p.30.
[7] *Ibid.*, p.30.
[8] *Ibid.*, p.17.
[9] *Ibid.*, p.18.
[10] *Ibid.*, p.19.
[11] Schama, *op. cit.* (note 4), p.20.
[12] Simon Schama and Andrew Graham-Dixon (96) comment on the slang.
[13] A. Graham-Dixon: *Caravaggio: A Life Sacred and Profane*, London 2010, p.96.
[14] *Ibid.*, p.97.
[15] *Ibid.*, p.97.
[16] *Ibid.*, p.97.
[17] *Ibid.*, p.83.
[18] Stone, *op. cit.* (note 2), p.37.
[19] Graham-Dixon, *op. cit.* (note 13), p.84.
[20] *Ibid.*, p.84.
[21] *Ibid.*, p.84.
[22] *Ibid.*, p.90.
[23] Fried, *op. cit.* (note 6), p.33.
[24] Graham-Dixon, *op. cit.* (note 13), p.156.
[25] *Ibid.*, p.158.
[26] *Ibid.*, p.157.
[27] *Ibid.*, p.158.
[28] Stone, *op. cit.* (note 2), p.38.
[29] Graham-Dixon, *op. cit.* (note 13), p.159.
[30] Schama, *op. cit.* (note 4), p.47.
[31] Stone, *op. cit.* (note 2), p.39.
[32] Graham-Dixon, *op. cit.* (note 13), p.201.
[33] Leo Bersani and Ulysse Dutoit: 'Beauty's Light', *October* 82 (1997), p.19.
[34] Graham-Dixon, *op. cit.* (note 13), p.201.
[35] Sohm, *op. cit.* (note 1), p.459.
[36] Stone, *op. cit.* (note 2), p.39.
[37] *Ibid.*, p.41.
[38] Schama, *op. cit.* (note 4), p.72.
[39] Stone, *op. cit.* (note 2), p.38.
[40] Graham-Dixon, *op. cit.* (note 13), p.333.
[41] Stone, *op. cit.* (note 2), p.38.

BIBLIOGRAFIA / BIBLIOGRAPHY

Ballarin, Ericani
A. Ballarin, G. Ericani (a cura di / edited by), *Jacopo Bassano e lo stupendo inganno dell'occhio*, catalogo della mostra / exhibition catalogue, Milano 2010, p. 42.

Bassani
R. Bassani, F. Bellini, *La casa, le "robbe", lo studio del Caravaggio a Roma. Due documenti inediti del 1603 e del 1605*, in "Prospettiva No. 71" (luglio / July 1993), p. 72.

Bazzani
E. Bazzani, *Velluti di seta*, in D. Devoti, G. Romano (a cura di / edited by) *Tessuti antichi nelle chiese di Arona,*1981, pp. 82-85.
E. Bazzani, *Contiguità e innovazione nei tessuti d'abbigliamento del seicento* in D. Devoti, M. Cuoghi Costantini (a cura di / edited by), *La Collezione Gandini. Tessuti dal XVII al XIX secolo*, Modena 1993, pp. 57, 59-64.

Dario Beccarini
S. Dario Beccarini, *Rinascimento à la Mode. La diffusione della Moda e del Costume nei testi a stampa tra XVI e XVII secolo*, in R. Valeriani (a cura di / edited by), *La nuova moda tra '500 e '600*, catalogo della mostra / exhibiton catalogue, Roma 2014, pp. 79-91.

Bellori
G. P. Bellori, *Le vite de' pittori, scultori et architetti moderni*, Roma 1672, p. 204.

Benati, Paolucci
D. Benati, A. Paolucci (a cura di / edited by), *I "Bari" della collezione Mahon*, Cinisello Balsamo 2008.

Bertelli, Bonsanti
C. Bertelli, G. Bonsanti (a cura di / edited by), *Restituzioni. Tesori d'arte restaurati*, Venezia 2016, pp. 130-133.

Bovenzi
G. Bovenzi, *Manti e abiti, in Tessuti antichi del Museo d'arte Religiosa "Padre Augusto Mozzetti" di Oleggio*, F. Fiori (a cura di / edited by), Novara 2013, pp. 215-220

Burke, Cherry
M. B. Burke, P. Cherry (a cura di / edited by), *Collections of paintings in Madrid 1601-1755*, p. 735.

Buss
C. Buss, *Seta Oro Incarnadino*, Milano 2011, pp. 86-87.

Butazzi
G. Butazzi, *Il costume in Lombardia*, Milano 1977, p. 78.

Cataldi Gallo
M. Cataldi Gallo, *Vestire il Pontefice*, Genova 2013, p. 35.

C.I.E.T.A.
C.I.E.T.A., *Vocabolario tecnico dei tessuti antichi, italiano-francese-inglese*, Lione 1959.

Colombo
A.M. Colombo, scheda / entry n. 16, in Venturoli (a cura di / edited by) *I tessili nell'età di Carlo Bascapè*, Novara 1994, scheda / entry n. 33, p. 265.

Cuoghi Costantini, Silvestri
M. Cuoghi Costantini, I. Silvestri, *La Collezione Gandini. Tessuti del Medioevo e del Rinascimento*, Modena 2010.

Devoti
D. Devoti, *L'arte Del Tessuto In Europa*, Milano 1974.
D. Devoti, M. Cuoghi Costantini (a cura di / edited by), *La collezione Gandini. Tessuti dal XVII al XIX secolo. Musei civici di Modena*, Modena 1993.

Fiori
F. Fiori, *I tessili negli inventari Taverna*, in P. Venturoli (a cura di / edited by), *I Tessili nell'età di Carlo Bascapè vescovo di Novara(1593-1615)*, Novara 1994. pp. 35-54.
F. Fiori, *Per conoscere il Museo d'arte religiosa di Oleggio*, Comignago 2010, pp. 118-120.
F. Fiori, *I Paramenti nelle chiese di Nonio, Brolo e Oira: note storiche e tecniche*, in D. Tuniz (a cura di / edited by), *Nonio-Brolo-Oira*, Gravellona Toce 2011, pp. 119-125.
F. Fiori, *Tessuti antichi nel Museo d'Arte religiosa "P.A. Mozzetti"di Oleggio*, Novara 2013, pp. 68-71.

Fiori, Gonzales
F. Fiori, F. Gonzales (a cura di / edited by), *Sete, ricami e taffetas. Dettagli di moda nella pittura novarese del Seicento*, Novara 2009.

Galasso
G. Galasso, *Modelli e schemi*, in P. Marabelli, *La tipologia "a rete"nei tessuti fiorentini del Cinquecento e Seicento, in Sopra ogni sorta di drapperia*, catalogo della mostra / exhibition catalogue, Firenze 1993, pp. 48-49; Gandini, 2010, fig. 9, pp. 72-73.

Garcia Serrano
R. Garcia Serrano (a cura di / edited by), *La Moda Española en el Siglo de Oro*, catalogo della mostra / exhibition catalogue, Toledo 2015.

Gonzales, Lacchia
F. Gonzales, C. Lacchia (a cura di / edited by), *Divo Carolo*, Novara 2010, pp. 105-107.
M. Gregori, *Caravaggio*, 1994.

King, Levey
D. King, S. Levey, *The Victoria & Albert Museum's Textile Collection*, London 1993-1999, p. 54.

Longhi
R. Longhi, *Quesiti caravaggeschi*, "Pinacotheca", 1928-1929; citato in / cited in *Caravaggio*, pp. 186-187.

Nichols Schoenholzer, Tomasini
T. Nichols Schoenholzer, S. Tomasini, *Merletti a Gandino. La collezione in oro, argento e lino del Museo della Basilica*, Gandino 2012, cat. n. 76.

Orsi Landini
R. Orsi Landini, *I singoli capi di abbigliamento*, in R. Orsi Landini, B. Niccoli (a cura di / edited by), *Moda a Firenze.1540-1580. Lo stile di Eleonora di Toledo e la sua influenza*, Firenze 2005, pp. 77-93.

Pastoureau
M. Pastoureau, *La stoffa del diavolo. Una storia delle righe*, Genova 1993, pp. 41-66.

Pearce
M. Pearce, *Costume in Caravaggio's paintings* in "Magazine of Art", aprile / April 1953, pp. 147-154.

Podreider
F. Podreider, *Storia dei tessuti d'arte in Italia*, Bergamo 1928, pp. 29-30, 62.

Sabani
T. Sabani, *Tappeti d'Oriente*, Novara 1986, pp. 19, 76-190.

Schulting
T. Schulting, *Hendrick Goltzius en Cornelis Ketel: 'hertsen vrienden'?*, in "Netherlands Yearbook for History of Art / Nederlands Kunsthistorisch Jaarboek Online", 1991 Volume 42, Issue 1, pp. 455-480.

Silvestri
I. Silvestri, scheda / entry 4, in *Tessuti antichi nelle chiese di Arona*, Torino 1981, pp. 132-133.
I. Silvestri, *L'opera nuova*, fig. 9, p. 72-73, in M. Cuoghi Costantini, I. Silvestri (a cura di / edited by), *La Collezione Gandini. Tessuti del Medioevo e del Rinascimento*, Modena 2010.

Trusted
M. Trusted, *A Work By Stephen Jordan: An Effigy of a Spanish Knight of the Order of St John*, in "Varia de Arte" (1987): 351-359, p. 351.

Tuchscherer
M. Tuchscherer, *Etoffes merveilleuses du Musèe historique des Tissus*, Lyon tomo III, Gakfen 1976, n. 196.

Vecellio
Cesare Vecellio, *De gli habiti antichi, et moderni di diverse parti del mondo*, Venezia 1590, p. 473.

Venturoli
P. Venturoli, *Carlo Bascapè committente di tessili*, in P. Venturoli (a cura di / edited by) *I tessili nell'età di Carlo Bascapè*, 1994, pp. 10-15.

In copertina / Cover
Caravaggio, *I bari*, c. 1595.
Collezione privata / Private collection,
in prestito al / on loan to the
Museum of the Order of St John.
Prestito gestito dalla / Loan managed by
Fondazione Sir Denis Mahon

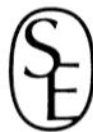

Silvana Editoriale

Direzione editoriale / Direction
Dario Cimorelli

Art Director
Giacomo Merli

Coordinamento editoriale / Editorial Coordinator
Sergio Di Stefano

Redazione / Copy Editor
Lorena Ansani

Traduzioni / Translations
Contextus, Pavia

Coordinamento di produzione / Production Coordinator
Antonio Micelli

Segreteria di redazione / Editorial Assistant
Ondina Granato

Ufficio iconografico / Photo Editor
Alessandra Olivari, Silvia Sala

Ufficio stampa / Press Office
Lidia Masolini, press@silvanaeditoriale.it

Silvana Editoriale S.p.A.
via dei Lavoratori, 78
20092 Cinisello Balsamo, Milano
tel. 02 453 951 01
fax 02 453 951 51
www.silvanaeditoriale.it

Le riproduzioni, la stampa e la rilegatura
sono state eseguite in Italia
Stampato da Ditta Giuseppe Lang,
Arti grafiche s.r.l., Genova
Finito di stampare
nel mese di settembre 2016
Reproductions, printing and binding
in Italy
Printed by Ditta Giuseppe Lang,
Arti grafiche s.r.l., Genoa
September 2016